Die ganze Härte der ISO 27001

Jacqueline Naumann

Die ganze Härte der ISO 27001

Ihr Untergang als Informationssicherheitsbeauftragter (ISB)

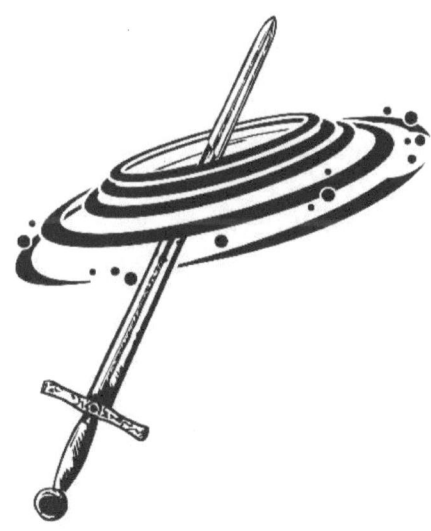

Bibliografische Information der Deutschen Bibliothek
Die Deutsche Bibliothek verzeichnet diese Publikation in der Deutschen Nationalbibliothek; detaillierte bibliografische Daten sind im Internet über https://portal.dnb.de abrufbar.

Herstellung und Verlag: BoD – Books on Demand, Norderstedt.

ISBN 978-3-7568-5572-8
1. Auflage, 2019
2. Auflage, 2019 (neues Cover)
3. Auflage, 2022 (aufgrund ISO/IEC 27002:2022)

Autor: Jacqueline Naumann
Buchcover: Corina Liebmann
Illustration: Florentine Naumann

Kurzüberblick

Liebe Leserin, lieber Leser,

vielen Dank, dass Sie sich für dieses Buch entschieden haben.

Informationssicherheit ist immer ein brennendes Thema, das vor allem durch das IT-Sicherheitsgesetz 2.0 und die ISO/IEC 27001:2022 noch einmal für viele Organisationen an Fahrt aufgenommen hat.

Ich hoffe, ich kann Ihnen, liebe Informationssicherheitsbeauftragte und lieber Informationssicherheitsbeauftragter mit diesem Buch Unterstützung bieten, damit Sie Ihre Aufgaben auch unter erschwerten Bedingungen mit Eifer und Begeisterung weiterführen können.

Herzlichst, Ihre Jacqueline Naumann
Trainerin, Beraterin, Auditorin

 iXactly ist Ihr Dienstleister für Seminare, Beratung und Audits für Ihr ISMS.

Gostritzer Straße 63, 01217 Dresden
www.ixactly.com

Vielen Dank
an Florentine Naumann für die Illustrationen im Buch!

Inhalt

Ihr Untergang als ISB

1 Einleitung

Möglicherweise spricht Sie dieses Buch an, weil Sie das Gefühl haben, in einem Universum an unzähligen Aufgaben-Galaxien zu versinken.

Das liegt daran, dass Sie nun mindestens das Grobgerüst Ihres ISMS aufgebaut haben und immer mehr Optimierungsaufgaben erledigen.

Dieses Buch ist für Informationssicherheitsbeauftragte gedacht, die ihr ISMS bereits seit über einem Jahr aufgebaut hat und nun eine gewisse Erschöpfung verspüren.

Das Buch soll Ihnen wieder Praxisbeispiele aus anderen Organisationen zeigen, damit Sie die bereits erreichte Qualität Ihres ISMS besser einschätzen können.

Liebe Informationssicherheitsbeauftragte, ich habe Ihr Buch dieses Mal streng nach GRC (Governance[1], Risikomanagement und Compliance) unterteilt. Im Governance-Teil erhalten Sie Praxisbeispiele aus der Planung und den Anforderungen eines ISMS. Im Risikomanagement-Teil finden Sie Praxisbeispiele aus den

---

[1] Governance: Unternehmensführung, Erziehung

typischen Risikothemen und im Compliance[2]-Teil geht es um die Einhaltung diverser Anforderungen aus Gesetzen, Verträgen, internen Regelwerken oder einfach der ISO/IEC 27001.

1.1 Bekanntmachung mit unserem Buch-ISB

Im Buch werden viele Praxisbeispiele aus tatsächlich stattgefundenen Begebenheiten wiedergegeben. Um die Anonymität zu gewährleisten, nutze ich sogenannte schwarze Schafe, denen ich alle Kuriositäten unterschiebe.

Im Buch verwende ich die fiktive Organisation T34M. Die Organisation hatte bei ihrer Gründung Freude daran, die Buchstaben E durch 3 und A durch 4 zu ersetzen, so wie es einige angehende Hacker in der Sprache Leet tun.

Bei T34M arbeitet natürlich auch ein ISB, der hier T34M-L34D bezeichnet wird und der im Buch interviewt wird oder einfach Tatsachen erzählt.

T34M-L34D steht stellvertretend für hunderte Kunden, Kollegen, Mitarbeiter und Seminarteilnehmer, mit denen ich in den letzten zwanzig Jahren gesprochen oder denen ich einfach nur zugehört habe.

T34M-L34Ds Erzählungen sind Praxisbeispiele, die Ihnen zeigen sollen, dass sich in allen Organisationen teilweise recht kuriose Vorfälle bezüglich Informationssicherheit ereignen.

---

[2] Compliance: Einhaltung von Anforderungen aus Verträgen, Gesetzen und Normen

T34M-BO$$ ist die oberste Leitung von T34M. Er kommt relativ wenig zu Wort, da T34M-L34D als ISB alle Aufgaben und Themen auf seinem Tisch hat und bearbeiten muss.

T34M-ADMIN ist als Administrator bei T34M beschäftigt.

T34M-EXTERNER ist ein fiktiver Dienstleister, dem alle Zitate von echten Dienstleistern untergeschoben werden.

1.2 Anonymität

Die vielen Zitate von Kunden, Lieferanten, externen Dienstleistern, ehemaligen Kollegen und auch Seminarteilnehmern sind anonymisiert. Für den Fall, dass Ihnen ein Zitat bekannt vorkommt, möchte ich anmerken, dass viele Herausforderungen nicht nur bei einer Organisation anzutreffen sind und sich deshalb Zitate auch ähneln können. Kein Leser muss in Sorge geraten, wenn er oder sie meint, sich in einem Zitat wiedererkannt zu haben. Die gesammelten Zitate umfassen einen zeitlichen Rahmen von über zwanzig Jahren.

1.3 Schwertsymbolik

Das Schwert des ISBs auf dem Cover versinkt sprichwörtlich in einer Aufgaben-Galaxie. Beginnen Sie gleich mit dem Lesen, um zu erfahren, unter welchen Bedingungen andere ISBs zu versinken drohten.

Viel Spaß beim Lesen und Lernen!

2 Scope-Ausschluss

Wann lohnt es sich, einen Scope[3]-Ausschluss zu definieren?

Die meisten Organisationen möchten mit einem Ausschluss Kosten sparen und bestimmen, welche Bereiche ein Zertifizierungsauditor nicht prüfen soll. Sehr oft werden Teile der Organisation dann ausgeschlossen, wenn sie nicht zwingend für die Wertschöpfung nötig sind.

Angenommen, bei Ihnen wäre die Urlaubsplanung in einer eigenen Abteilung angesiedelt, dann würde ich diese Abteilung aus dem ISO/IEC 27001-Geltungsbereich ausschließen. Einfach deshalb, weil Kunden nicht für eine sichere Urlaubsplanung bei Ihnen zahlen werden. Kunden interessieren sich für die Dienstleistungen, die diese bei Ihnen erwerben.

ISO/IEC 27001
Kap. 4.3 Festlegen des Anwendungsbereichs

Wären Sie allerdings eine KRITIS[4]-Organisation, bei der Schichtpläne zwingend erforderlich sind, dann müssten Sie selbst die Urlaubsplanung bei Ihrer Scope-Definition berücksichtigen.

---

[3] Scope: auch Anwendungsbereich, Geltungsbereich
[4] KRITIS. Kritische Infrastruktur (§ 2 Abs. 10 BSIG: [... sind Einrichtungen, Anlagen oder Teile davon, die 1. den Sektoren Energie, IT/TK, Transport/ Verkehr, Gesundheit, Wasser, Ernährung sowie Finanz- und Versicherung

Wie der Zertifizierungsscope lautet, bestimmen in aller Regel die Organisationen selbst. Manchmal werden allerdings Begrifflichkeiten von den Zertifizierungsstellen abgelehnt.

Ihr Scope wird ganz sicher abgelehnt, wenn Sie beispielsweise folgenden Text auf Ihrem ISO/IEC 27001-Zertifikat stehen haben möchten: »Sichere Uhren nach ISO/IEC 27001«.

Die Ablehnung kommt zustande, weil die ISO/IEC 27001 Anforderungen an ein Managementsystem stellt und die Zertifizierung eines Managementsystems keine Produktzertifizierung ist. Weiterhin würde das Adjektiv »sichere« abgelehnt, weil der Auditor nur das Managementsystem prüft und keine Produkteigenschaften. Er kann also nicht die Verantwortung für eine sichere Uhr übernehmen. Außerdem ist »sicher« ein dehnbarer Begriff. Jeder könnte etwas anderes darunter verstehen. Und zu guter Letzt wird bei Zertifizierungsstellen die Nennung der Norm, hier »ISO/IEC 27001«, abgelehnt.

Der Kunde soll beim Lesen des Scopes eine Vorstellung von Ihren zertifizierten Prozessen bekommen und nicht durch Normnennung getäuscht werden. Die ISO-Norm steht sowieso auf allen Zertifikaten.

---

angehören und 2. von hoher Bedeutung für das Funktionieren des Gemeinwesen sind...]

2.1 Praxisbeispiel: Kein Scope für Präzisionsgeräte

Diskussion während eines Seminars zur Klärung des erlaubten Zertifizierungsscopes:

> T34M-L34D: „Wir hatten seit sechs Jahren den Scope ‚Herstellung von Präzisionsgeräten[5]‘ auf dem Zertifikat stehen. Seit 2018 geht das nicht mehr, weil Präzision angeblich ein Qualitätsmerkmal ist.

> Jetzt steht nur noch:
> ‚Herstellung von Metallgeräten‘
> auf unserem Zertifikat. Das kann aber alles Mögliche sein!"

Ein zweiter ISB ergänzt für die ISO 9001[6]:

> T34M-L34D2: „Das hatten wir mit unserem Auditor ähnlich. Neuerdings darf der Begriff ‚Bearbeitung von Feingold‘ nicht mehr auf dem Zertifikat stehen. Nur noch ‚Bearbeitung von Gold‘.

---

[5] Gerät, das mit sehr hoher Genauigkeit und Exaktheit hergestellt ist, präzise arbeitet und kleinste Werte genau angibt
[6] ISO 9001: Anforderungen an Qualitätsmanagementsysteme

2.2 Ihre Aufgabe als ISB

Wenn Sie bisher einen Scope definiert hatten, der nun nicht mehr möglich ist, sollten Sie unbedingt die Zertifizierungsstelle um eine Klärung bitten.

ISO/IEC 27001 Kap. 4.3
Festlegen des
Anwendungsbereichs

Ihr Scope sollte Ihre Dienstleistungen, die Sie zertifizieren lassen möchten, möglichst klar und eindeutig genug zum Ausdruck bringen.

3   Übergeordnete Leitlinie

Zum Begriff der Leitlinie gibt es viele Diskussionen. In einigen Organisationen heißt sie Politik, in anderen Organisationen Strategie und in wieder anderen Leitbild.

Was ist darunter zu verstehen?

Die oberste Leitung einer Organisation sollte eine klare Vision davon haben, wohin sie das Unternehmen führen will. Damit die Belegschaft ihr zu diesem Ziel folgt, benötigt diese einige Vorgaben.

ISO/IEC 27001 Kap. 5.2
Politik

Gehen wir einmal davon aus, unsere oberste Leitung will ein ISO/IEC 27001-Zertifikat und muss deshalb ihre Mitarbeiter so motivieren, dass diese wiederrum alles tun, damit der Zertifizierungsauditor bei einer Zertifizierung überzeugt werden kann.

Die Vorgaben der Leitung bilden also im besten Fall einen erzieherischen Verhaltensleitfaden für die Mitarbeitenden, damit am Ende ein Zertifikat für die Organisation herausspringt.

Um die Belegschaft zu motivieren, sollte sie einerseits nicht mit zu viel Prosa gelangweilt werden, andererseits benötigen Personen Worte, die sie verstehen und akzeptieren.

Ein mögliches Ziel aus einer Leitlinie könnte also lauten:

»Wir implementieren ein ISMS und
erhalten Ende 2023 unser
ISO/IEC 27001-Zertifikat«.

3.1 Praxisbeispiel: Leitlinie aus den USA

Diskussion während eines Inhouse-Seminars zwischen dem erst seit drei Wochen im Unternehmen angestellten ISB und der langjährigen Belegschaft:

> *Interviewer: „Haben Sie schon eine*
> *übergeordnete Leitlinie hier im Unternehmen?"*
>
> *T34M-L34D: „Ja, die kann ich Ihnen gleich mal*
> *zeigen. Darf ich Ihren Beamer benutzen?"*
>
> *Interviewer: „Selbstverständlich."*

Die Belegschaft fängt an, aufgelöst zu tuscheln und fragt sich gegenseitig, welche Leitlinie jetzt von dem Neuen gezeigt werden wird.

Der ISB stöpselt seinen Laptop an und scrollt durch ein Word-Dokument.

> *T34M-L34D: „Hier ist unsere neue Leitlinie. Ich*
> *bin schon fast fertig."*

Das Dokument umfasst etwa 80 Seiten und es enthält beispielsweise Erläuterungen zur Art von Dokumentation. Die Sprache wechselt immer wieder von Deutsch zu Englisch und umgekehrt. Viele Stellen sind farbig markiert.

Die Kollegen beschweren sich lautstark:

T34M-ADMIN: „Woher kommt jetzt plötzlich so ein Dokument und was soll das überhaupt sein?"

T34M-L34D: „Das ist unsere neue Leitlinie, die erstelle ich gerade."

T34M-ADMIN: „Aber woher kommen diese Inhalte? Das braucht doch kein Mensch! Dokumente haben wir in unserer Dokumentationsrichtlinie beschrieben."

T34M-L34D: „Aber so ist die Leitlinie richtig. Die habe ich aus dem Internet. So wird die in den USA eingesetzt."

Die Kollegen lehnen diese Leitlinie kategorisch ab und sprechen nicht mehr mit dem neuen ISB.

3.2 Ihre Aufgabe als ISB

Sie haben als ISB nicht die Aufgabe, die Leitlinie beziehungsweise die Politik für Ihre Organisation allein zu schreiben. Genau genommen, müsste die Politik sogar von Ihrer obersten Leitung beziehungsweise von Ihrer Geschäftsführung erstellt und bekannt gemacht werden.

ISO/IEC 27001 Kap. 5.2 Politik

Wenn Sie diese Aufgabe dennoch übernehmen, müssen Sie diese Leitlinie mit der anderen abstimmen, bevor Sie sie in der Belegschaft bekanntmachen.

Die Leitlinie enthält ein Bekenntnis zur Informationssicherheit. Sie sollte die Geschäftsziele: Verfügbarkeit, Vertraulichkeit und Integrität sowie den Willen, das ISMS fortlaufend zu verbessern, beinhalten.

Versuchen Sie Ihre Leitlinie auf maximal einer DIN A4-Seite unterzubringen. Oft enthalten die Leitlinien der Organisationen auch das Ziel, bis zu einem bestimmten Datum, ein ISMS aufzubauen oder eine ISO/IEC 27001-Zertifizierung zu erlangen.

ISO/IEC 27001 Kap. 0.2 Kompatibilität mit anderen Normen für Managementsysteme

Wenn Sie ein integriertes Managementsystem, also beispielsweise ein Qualitätsmanagementsystem (QMS, ISO 9001), ein Umweltmanagementsystem (UMS, ISO 14001) und ein Informationssicherheitsmanagementsystem (ISMS, ISO/IEC 27001) betreiben, sollten Sie eine einzige Leitlinie für alle Managementsysteme nutzen und die Hauptanliegen der verschiedenen Normen beziehungsweise Ihre Geschäftsziele aufnehmen.

4 Kompetenzanforderungen

Natürlich gibt es in jeder Organisation eine ganze Reihe unterschiedlicher Kompetenzanforderungen.

Oft habe ich den Eindruck, dass Menschen, die im Bereich »Personal« arbeiten, sich für kompetenter halten, als ihre Kollegen in anderen Bereichen.

Es ist aber so, dass jeder auf seiner Position ausreichend qualifiziert sein muss und allein durch einen qualifizierten Mitarbeiter in der Personalabteilung würde uns kein Kunde beauftragen. Die wertschöpfenden Prozesse finden meist nicht in dieser Abteilung statt.

Sie als ISB müssen deshalb zu allererst herausfinden, für welche Produktionsprozesse oder Dienstleistungen Ihre Organisation die wertvollsten Rechnungen schreiben darf.

Wenn Sie die Bereiche, in denen die Wertschöpfung bei Ihnen stattfindet, identifiziert haben, können Sie sich auf die Suche nach den Kompetenzanforderungen machen.

ISO/IEC 27001
Kap. 7.2 Kompetenz

Welche Kompetenzen müssen im Sinne der ISO/IEC 27001 verfügbar sein? Auf jeden Fall alle Kompetenzen, die für die IT-Infrastruktur und die Wertschöpfungsprozesse benötigt werden.

Vergessen Sie Ihre eigene ISMS-Kompetenz dabei nicht.

4.1 Praxisbeispiel: Excel nur für Studierte

Bericht eines ISBs während eines Seminars:

> *T34M-L34D: „Ich habe vor einiger Zeit eine Excelliste mit einem Fragebogen an die Abteilungen geschickt. Ich wollte darin die Anforderungen und die Verbesserungswünsche für unser ISMS aufnehmen.*
>
> *Ich bekam Ärger deswegen. Mir wurde gesagt, dass die Mitarbeiter nicht alle studiert haben und deshalb nicht mit Excel arbeiten können."*

4.2 Ihre Aufgabe als ISB

ISO/IEC 27001
Kap. 7.2 Kompetenz

Um ein ISMS aufbauen zu können, sind als Kompetenzanforderungen definitiv die Grundlagen der ISO/IEC 27001 nötig. Wenn Sie als ISB bisher noch keine Grundlagenschulung zur ISO/IEC 27001 erhalten haben, sollten Sie sich um eine Schulung bemühen.

Während der Zertifizierung wird der Auditor auf jeden Fall nach Ihren Qualifikationen bezüglich ISMS fragen.

Falls Sie bereits eine ISO/IEC 27001:2013-Schulung besucht haben, lohnt sich nun beispielsweise eine kurze Weiterbildung zur ISO/IEC 27002:2022.

In der Regel wird er eine Nichtkonformität aufnehmen, wenn er feststellt, dass Ihnen die Grundlagen noch fehlen. Vielleicht können

Sie ihn auch bitten, diese Nichtkonformität im Auditbericht zu vermerken, damit Sie schneller an eine Weiterbildung kommen.

Wenn Sie Fragebögen oder Schulungsunterlagen an Ihre Kollegen schicken möchten, prüfen Sie die Möglichkeiten in Ihrer Organisation.

In manchen Organisationen wird Excel nicht allen Mitarbeitern zur Verfügung gestellt, um Lizenzkosten zu sparen.

Am besten erkundigen Sie sich bei den jeweiligen Vorgesetzten, wie deren Mitarbeitende befragt oder geschult werden können.

5 Integrität neuer Mitarbeiter

Die ISO/IEC 27001 fordert neues Personal einer Sicherheitsüber-prüfung zu unterziehen, damit nur die geeignetsten einen Arbeitsvertrag erhalten.

ISO/IEC 27001 Anhang A.6.1 Sicherheits-überprüfung

5.1 Praxisbeispiel: Bewerbung vieler Harvard-Abgänger

Bericht eines ISBs im Seminar:

> *T34M-L34D: „Unser Haus hatte viele Jahre so viele Bewerber, dass die Personalabteilung Unterstützung forderte.*
>
> *Der Vorstand entschied sich dann einen Teil des Bewerbermanagements zu outsourcen[7] und Recruiting-Dienstleistungen einzukaufen.*
>
> *Der Plan war, dass der Dienstleister im Vorfeld alle Bewerbungen prüft und an uns nur noch die besonders geeigneten und talentiertesten Bewerber weiterleitet. Wir gaben dem Dienstleister im Vorfeld einige Schlagwörter, von*

---

[7] Outsourcing: Auslagerung von Geschäftsprozessen

denen wir uns ausgezeichnete Bewerber erhofften.

Dann lief die Sache an und der Dienstleister lieferte monatlich Bewerbungen.

Aber von der Qualität waren wir sehr enttäuscht. Nach drei Monaten wurde der Dienstleister zu uns eingeladen, um über seine erbrachten Dienstleistungen zu diskutieren und den Fortbestand des Vertrages zu klären.

Unsere Personalabteilung hatte für den Termin eine Übersicht erstellt, welche Stellen wir besetzen wollten und welche Qualifikation die vom Dienstleister angebotenen Bewerber hatten. Das Defizit war offensichtlich.

Der Dienstleister brachte unsere Schlagwortliste mit und versicherte, dass seine automatisierte Prüfsoftware genau nach diesen Schlagwörtern gesucht hätte und nur passende Bewerber in einen separaten Verzeichnisordner ablegen würden. Und genau diesen Verzeichnisordner hätten wir monatlich erhalten. Aus Datenschutzgründen hätte der Dienstleister nicht jede Bewerbung separat einer Sichtprüfung unterzogen.

Unser Management und der Dienstleister standen sich konfrontativ gegenüber. Von unserer Seite war klar, die automatisierte Software arbeitet fehlerhaft und unter diesen Umständen wollten wir den Dienstleister nicht länger beauftragen.

Der Dienstleister bot an, einen Software-Tester oder einen IT-Forensiker zu beauftragen, um die Fehlergründe zu ermitteln. Bis zum Ergebnis oder zur Software-Reparatur sollte der Vertrag ruhen."

Interviewer: „Und wurde der Fehler gefunden?"

T34M-L34D: „Ja. Die ungeeigneten Bewerber hatten in Ihre Lebensläufe mit weißer Textfarbe die Schlagwortphrasen: „Harvard University" oder „University of Oxford" eingetragen.

Für das menschliche Auge unsichtbar, aber für eine Software sind auch weiße Texte auffindbar und somit elektronisch auswertbar.

Mit diesen Erkenntnissen kam der Dienstleister zurück und zeigte uns den Betrug einiger Bewerber.

Der Dienstleister hat außerdem eine Abschlussprüfung durch Inaugenscheinnahme *potenzieller Bewerber in seinen Prozess etabliert."*

5.2 Ihre Aufgabe als ISB

Als ISB sind Sie Hinweisgeber für die Personalabteilung. Geben Sie immer wieder Tipps zu deren Tätigkeit, wie beispielsweise Bewerber-E-Mails nicht leichtfertig zu öffnen oder eingereichte Lebensläufe mit anderen beruflichen Quellen im Netz auf Plausibilität zu verifizieren.

6 Dokumentierte Bedienabläufe

Wozu immer alles dokumentieren?

Ich selbst kann mich noch gut an meine Tätigkeit als Programmiererin oder Softwareentwicklerin erinnern. Ich war wochenlang den ganzen Tag am Quellcode schreiben und selbstverständlich auch am Kommentieren dieses Codes. Und dann sollte ich auch noch eine Entwicklerdokumentation verfassen. Wozu um Himmelswillen, dachte ich. Jeder halbwegs intelligente Entwickler würde doch anhand meiner Kommentare den Quellcode lesen können!

Nicht nur ich selbst habe diskutiert und mich echauffiert. Auch Kollegen gegenüber zeigte ich Verständnis, wenn diese über derartige Anforderungen verärgert reagierten.

ISO/IEC 27001 Anhang A.5.37 Dokumentierte Betriebsabläufe

Später fand ich jedoch Software vor, die teilweise aus achttausend Code-Schnipseln bestand und die über keine Dokumentation verfügte und bei der es mir beinahe unmöglich schien, in angemessener Zeit, alle Funktionen zu durchschauen.

Stellen Sie sich vor, Sie hätten zehn Kinder und müssten sich zehn hübsche Namen für sie überlegen. Das ist gar nicht so einfach, will man gerecht handeln.

Und nun stellen Sie sich vor, Sie hätten achttausend Code-Schnipsel und müssten diese angemessen bezeichnen, damit irgendwer später damit arbeiten kann. Ich denke, Sie würden verlangen, dass sich der Entwickler eine Namenskonvention überlegt und diese dokumentiert, damit andere seine Arbeit verstehen können.

Und genau das ist das Ziel, wenn von dokumentierten Bedienabläufen gesprochen wird. Andere oder vor allem neue Kollegen sollen die Möglichkeit erhalten, sich in angemessener Zeit in ihre neuen Aufgaben einarbeiten zu können.

6.1 Praxisbeispiel: Gegenderte Dokumentation

Beschwerde eines ISBs nach seinem Informatikstudium:

> T34M-L34D: „Während meines Studiums belegte ich das Fach »Objektorientierte Java-Programmierung«.
>
> Der Professor legte größten Wert darauf, in seinen Vorlesungsunterlagen alles zu gendern[8]. In seinem etwa achthundertseitigen Vorlesungsskript hatte er sämtliche männliche Substantive durch weibliche ersetzt.
>
> Die Sätze klangen dann in etwa so: ‚Die geneigte Programmiererin schreibt die Quellcodezeilen, die anschließend von der Softwaretesterin überprüft werden müssen.'

---

[8] Geschlechtsneutrale Formulierungen

Es fiel mir unendlich schwer, den eigentlichen Sinn des Textes zu erfassen, da ich immer wieder von weiblich zu männlich geistig übersetzen musste.

Und jetzt wurde ich in meinem Unternehmen aufgefordert den gleichen Unsinn zu machen."

6.2 Ihre Aufgabe als ISB

ISO/IEC 27001 Anhang A.5.37 Dokumentierte Betriebsabläufe

Als ISB haben Sie sicherlich eine ganze Reihe von Informationssicherheitsrisiken identifiziert und Gegenmaßnahmen geplant. Sie werden bestätigen können, dass bei Personalausfall eine geeignete Vertretungsregelung die Verfügbarkeitsrisiken mindern kann.

Wenn nun eine Person, eine für sie neue Tätigkeit aufnehmen soll, benötigt sie mindestens Erklärungen zu diesen neuen Aufgaben.

Im Idealfall haben Verantwortliche die relevanten Arbeitsschritte irgendwann einmal schriftlich fixiert, so dass ein Einspringer anhand dieser Dokumentation einfach in die Arbeit einsteigen kann.

Die Forderung nach Dokumentationen zu Prozessen, Arbeitsanleitungen oder Verfahrensbeschreibungen und Betriebshandbüchern finden sich unter »A.5.37 Dokumentierte Betriebsabläufe«.

ISO/IEC 27001 Kap. 7.5 Dokumentierte Information

Damit unsere Vertretung oder unser neues Personal diese Dokumente auch finden kann, fordert die Norm in Kapitel »7.5.3 c) Auffindung« außerdem von uns, dass wir die Dokumente so bereitstellen, dass diese bei Bedarf auch gefunden werden.

Auch die Methode und die Art wird von der Norm in Kapitel »7.5.2 b) angemessenes Format« angesprochen. Hier werden wir aufgefordert, ein angemessenes Format und Medium einzusetzen. Mit Format ist auch die Sprache gemeint.

Mein persönlicher Eindruck ist, dass gegenderte Fachliteratur nicht in jedem Umfeld angemessen ist und zu Verwirrung beitragen kann, wenn zu sehr auf die persönlichen Ansprachen, als auf den fachlichen Inhalt Wert gelegt wurde.

Ich fühle mich beispielsweise in jedem Kontext auch als Leser angesprochen und weniger als geneigte Leserin.

Versuchen Sie eine Sprache für Ihre Dokumentation zu nutzen, die einfach und klar ausdrückt, was alle Personen tun oder lassen sollen und die sich weniger um die unterschiedlichen Geschlechter in einer Organisation bemüht.

Für die Begriffe »Vaterland« und »Muttersprache« verwende ich mittlerweile: »Familiensprache« und »Heimatland«.

7 Regelmäßige Dokumentationsüberprüfung

Kennen Sie das auch, ein Dokument wurde unter einer neuen Versionsnummer abgespeichert und die alte Version wurde nicht gelöscht oder verschoben oder ist sogar weiterhin verlinkt?

ISO/IEC 27001
Kap. 7.5.3
Dokumentenlenkung

Wenn Ihnen das bekannt vorkommt, kann ich Ihnen versichern, dies kommt nicht nur Ihnen bekannt vor.

7.1 Praxisbeispiel: Ablaufdatum einer Richtlinie

Gespräch während eines Audits:

> *Interviewer: „Bitte zeigen Sie mir mal Ihre Passwort-Richtlinie."*

T34M-L34D öffnet die Richtlinie und beamt sie an die Wand.

> *Interviewer: „Könnten Sie bitte mal zur Angabe von Versionsnummer und Freigabedatum scrollen?"*

T34M-L34D scrollt zur letzten Seite. Die Gültigkeit der Richtlinie wurde bis zum 31. Dezember 2021 festgeschrieben.

> *Interviewer: „Wieso ist denn die Gültigkeit der Richtlinie bei Ihnen abgelaufen?"*

T34M-L34D: „Bei uns gibt der T34M-BO$$ jedes Jahr die Richtlinien wieder frei, wenn sie noch gültig sind."

Interviewer: „Aber nun ist diese Richtlinie schon seit einigen Monaten ungültig. Welche Richtlinie gilt denn jetzt bei Ihnen?"

T34M-L34D: „Na eigentlich immer noch die."

Interviewer: „Aber die ist ja offiziell nicht mehr gültig. In der Richtlinie steht, dass sie nur bis zum 31. Dezember 2021 gültig war."

T34M-L34D: „Na, im Zweifel können Sie uns ja dafür eine Abweichung geben, wenn Sie das so wollen."

7.2 Ihre Aufgabe als ISB

Als ISB haben Sie natürlich die Aufgabe, die Dokumente in Ihrem ISMS zu steuern. Bei Bedarf werden Dokumente verbessert und erhalten eine neue Versionsnummer und werden anschließend wieder freigegeben.

ISO/IEC 27001 Kap. 7.5.2 Erstellen und Aktualisieren

Es macht aus meiner Sicht aber überhaupt keinen Sinn, einem Dokument eine neue Versionsnummer zu vergeben, wenn sich der Inhalt nicht verändert hat.

Rechtschreibfehler sollten nicht zu einer neuen Version führen.

Aber neue Inhalte müssen bekannt gemacht werden. Dazu ist eine aktualisierte Version sinnvoll.

ISO/IEC 27001 Anhang A 5.1. Informations-sicherheitsrichtlinien

Im Anhang »A.5.1 Informationssicherheitsrichtlinien« wird empfohlen, die Informationssicherheitsrichtlinien in geplanten Abständen oder nach erheblichen Änderungen zu überprüfen.

Dieses Überprüfen wird in einigen Organisationen so verstanden, es muss zwingend eine Änderung an den Richtlinien geben. Das wird aber falsch interpretiert.

Das Überprüfen kann so erfolgen, Sie als ISB fragen den Dokumenten-Eigner per E-Mail an, ob sein Dokument noch aktuell ist. Nachdem dieser sein Dokument überprüft hat, werden Sie von ihm eine Antwort erhalten. Entweder das Dokument ist ohne Anpassung weiterhin gültig, dann haben Sie die Norm-Anforderung nach regelmäßigen Überprüfungen erfüllt oder das Dokument muss verbessert und aktualisiert werden. Auch dann haben Sie Ihre Aufgabe erfüllt.

Für Organisationen, die kein Dokumentenmanagementsystem besitzen, empfehle ich zur Dokumentenüberwachung eine Excel-Tabelle.

Folgender Tabellenkopf (siehe Tabelle 1 Seite 40) für eine Excel-Tabelle kann Ihnen helfen, den Überblick über Ihre ISMS-Dokumente zu behalten. Für jedes Dokument wird anschließend eine Zeile angelegt.

In die Spalte DOKUMENT tragen Sie den Dokumententitel und in die Spalte VERSION, die aktuell gültige Version ein.

In die Spalte KLASSIFIZIERUNG tragen Sie je nach Ihrem Klassifizierungsschema beispielsweise: *öffentlich*, *intern*, *vertraulich* oder *streng vertraulich* ein.

In die Spalte VERANTWORTLICH wird der Name des Dokumentenerstellers eingetragen.

In die Spalte FREIGABE tragen Sie das Freigabedatum der aktuell gültigen Version ein.

In der Spalte LETZTES REVIEW geben Sie als Datum an, an dem Sie oder ein anderer Verantwortliche das letzte Mal dieses Dokument überprüft haben.

Die Spalte ANZAHL TAGE SEIT LETZTEM REVIEW berechnet sich in Excel mit der Formel:

```
=HEUTE()-LETZTES REVIEW
```

Das Ergebnis ist eine Zahl. Wenn Ihr letztes Review letzte Woche stattfand, erhalten Sie die Zahl sieben für die bereits vergangenen Tage.

Ich färbe diese Spalte rötlich ein, sobald die Anzahl der Tage seit letztem Review um die dreihundert Tage umfasst. Dokumente, die seit über einem Jahr beziehungsweise mehr als 365 Tage nicht überprüft wurden, werden in einem dunkleren Rot-Ton angezeigt.

Beim Öffnen dieser Excel-Datei ist dann sofort erkennbar, welche Dokumente eine Überprüfung benötigen.

Tabelle 1: Tabellenkopf für Dokumenten-Review

Dokument	Version	Klassifizierung	Verantwortlich	Freigabe	Letztes Review	Anzahl Tage seit letztem Review	Dokumentenablage

Die folgende Abbildung 1 zeigt Ihnen beispielhaft eine Umsetzung im Excel-Format.

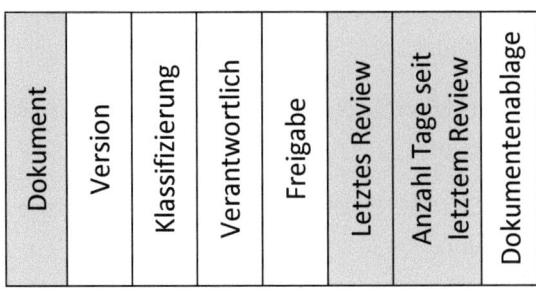

Dokumentenprüfung			Letzter Prüfer: Jacqueline Naumann			04.07.2019	
			Letzte Änderung: 02.05.2019				
Dokument	Version	Klassifizierung	Verantwortlich	Freigabedatum	Letztes Review	Anz. Tage seit letztem Review	Ablage
AA_1-3_003_Lieferantenbewertung	1.0	vertraulich	Jacqueline Naumann	01.02.2019	01.02.2019	153	03/3.1/3.1.5 Arbeitsanleitungen
AA_1-4_001_Auditprogramm	2.0	vertraulich	Jacqueline Naumann	07.12.2018	07.12.2018	209	03/3.1/3.1.5 Arbeitsanleitungen
AA_2-1_001_Rechnung	1.0	intern	Jacqueline Naumann	06.03.2019	06.03.2019	120	03/3.1/3.1.5 Arbeitsanleitungen
AA_3-3_001_Dienstreise-Checkliste	1.2	intern	Jacqueline Naumann	23.11.2018	23.11.2018	223	03/3.1/3.1.5 Arbeitsanleitungen
AA_4-3_001_PDF_als_Druckdateien	1.0	intern	Jacqueline Naumann	16.05.2018	16.05.2018	414	03/3.1/3.1.5 Arbeitsanleitungen

Abbildung 1: Excel-Tabelle für das Dokumenten-Review

7.3 Praxisbeispiel: Nicht integrer Cousin

Bericht eines ISBs über ein Internes Audit in seiner Organisation:

> *T34M-L34D: „Unser Interner Auditor hat vor einigen Wochen unsere Dokumentenlenkung überprüft. Er stellte fest, dass der Cousin des Dokumentenerstellers später der Dokumentenprüfer und Freigeber war und gab uns eine*

Abweichung. Er begründete die Abweichung damit, wenn ein Cousin prüft, ist die Integrität nicht mehr gewährleistet."

7.4 Ihre Aufgabe als ISB

Die Verletzung von Integrität bedeutet, dass Daten verändert, manipuliert, gelöscht oder eingefügt wurden. Die bloße Inaugenscheinnahme eines Dokuments kann nicht zu Integritätsverletzungen führen, egal in welchem Verwandtschaftsgrad Autor und Prüfer stehen.

ISO/IEC 27001 Anhang A.5.1 Informationssicherheitsrichtlinien

Auch die reguläre Überprüfung und Freigabe sollte nicht am Verwandtschaftsgrad scheitern, wenn beide Personen fachlich kompetent sind.

8 Dokumentenlenkung

Zum Lenken von Dokumenten gibt uns die Norm einige Aufgaben vor.

ISO/IEC 27001
Kap. 7.5.3
Dokumentenlenkung
So verlangt sie beispielsweise, dass irgendjemand irgendwann zuerst einmal ein Dokument verfassen muss. Daraus ergibt sich der Autor und das Erstellungsdatum.

Sie wissen, bei unserem ISMS müssen mehrere Dokumente erstellt werden.

Sind diese ISMS-Dokumente dann einmal, meist vom ISB, fertig gestellt, müssen sie von einer fachlich versierten Person noch einmal gegen-geprüft und freigegeben werden.

In unserem ISMS bekommen die Dokumente damit ein Freigabedatum. Wurden sie erstmalig freigegeben, erhalten sie meist die Versionsnummer ›1.0‹. Ich habe aber auch schon andere Startnummern gesehen. Die Nummerierung sollte für Ihre Organisation angemessen sein.

Wenn diese Dokumente nun auch noch dem relevanten Personenkreis zur Verfügung gestellt werden, spricht man von Dokumentenlenkung.

8.1 Praxisbeispiel: Unnütze Mappen

Beobachtung während eines Audits:

> Interviewer: „Wie ich hörte, gibt es bei Ihnen eine
> Mobilgeräte-Richtlinie. Könnten Sie mir diese
> bitte mal zeigen?"

Der ISB hat für alle Kollegen, die auditiert werden, Mappen mit Ausdrucken vorbereitet. Die befragten Personen blättern durch die vorliegenden Mappen, um geforderte Dokumente vorzuzeigen.

> T34M-ADMIN: „Ich muss da mal kurz nachsehen.
> Eigentlich habe ich alles hier."

Nach mehrmaligem Durchblättern der Mappen zeigt sich, dass nicht alle ISMS-Dokumente ausgedruckt worden sind.

> Interviewer: „Vielleicht gibt es noch andere
> Stellen, an denen Sie die Richtlinie suchen
> könnten."

> T34M-ADMIN: „Nein, andere Möglichkeiten,
> solche Dokumente zu finden, sind mir jetzt nicht
> bekannt."

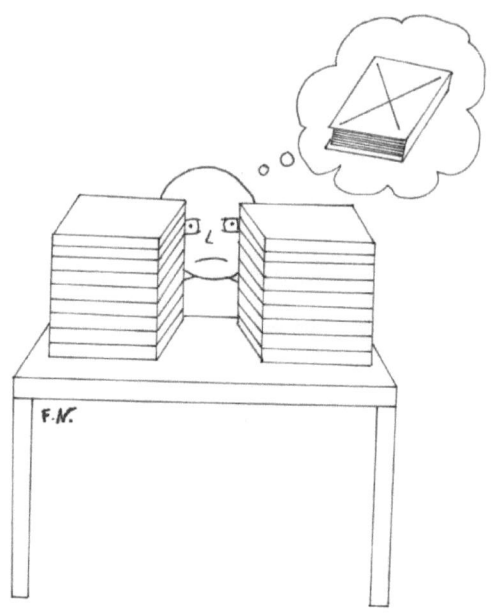

8.2 Ihre Aufgabe als ISB

ISO/IEC 27001
Kap. 7.5.3
Dokumentenlenkung
Genau wie in »A.5.37 Dokumentierte Betriebsabläufe« wird auch in »A.5.1.1 Informationssicherheitsrichtlinien« Verfügbarkeit und Auffindbarkeit gefordert.

Natürlich dürfen Dokumente auch in ausgedruckter Form verwendet werden. Aber Sie als ISB tragen die Verantwortung dafür, ob Ihre Dokumentationsverteilung für Ihre Mitarbeiter hilfreich ist. Ihre Mitarbeiter müssen relevante Informationen auffinden, auf diese Informationen zugreifen und diese auch nutzen können.

9 Interne Verlinkung

In unserer digitalen Welt sollen Links uns helfen, blitzschnell an die gesuchten Informationen zu gelangen.

9.1 Praxisbeispiel: Hochkomplexe Linkstruktur

Beobachtung im Audit:

> *Interviewer: „Sie sagten, Sie haben ein DMS[9].*
> *Bitte zeigen Sie es mir. Mich würde da die*
> *Zugangssteuerungsrichtlinie interessieren."*

Der ISB öffnet sein DMS und versucht, die Struktur zu erläutern. Scheitert aber an einer sehr komplexen Linkstruktur.

Der externe Berater unterstützt äußerst engagiert den ISB mit Hinweisen, um Dokumente zu finden.

> *T34M-EXTERN: „Gehen Sie nochmal aus dem*
> *Unterpunkt raus und dann in den darunter*
> *liegenden Ordner rein. Da liegt ein Dokument mit*
> *Links. Wenn Sie in diesem bis ganz runter*
> *scrollen, sehen Sie sieben Links und da ist es der*

---

[9] Dokumentenmanagementsystem

dritte. Der führt zur
Zugangssteuerungsrichtlinie."

Der ISB folgt den Anweisungen seines externen Beraters immer
wieder. Sobald der Externe zu schnell ist, muss dem ISB wieder
geholfen werden.

T34M-BO$$ zum T34M-L34D: „Sagen Sie mal,
können Sie wenigstens einmal ein Dokument
auch allein finden!?"

Interviewer: „Wie lange entwickeln Sie bereits die
Dokumentenstruktur für das ISMS?"

T34M-L34D: „Wir werden seit vier Jahren von
unserem externen Berater dabei unterstützt."

9.2 Ihre Aufgabe als ISB

ISO/IEC 27001
Kap. 7.5.3
Dokumentenlenkung Leider erlebe ich es immer wieder, dass Zertifizierungskunden
über viele Jahre unterstützt werden und trotzdem hilflos bleiben.

Bei einem meiner letzten Kunden habe ich der obersten Leitung
deshalb empfohlen, den externen Berater fest einzustellen, weil
ich annehme, dass danach sehr schnell ein vernünftiges Maß an
Dokumentation und Verlinkung zustande kommt.

Wenn Sie eine Dokumentenstruktur für Ihr ISMS aufbauen, achten
Sie darauf, Ihr potenzieller Vertreter muss Sie möglicherweise bei
einer Zertifizierung vertreten und findet sich dann hoffentlich
intuitiv zurecht.

10 Terminsynchronisation

Durch eine Geräte-Synchronisation soll erreicht werden, auf allen beteiligten Geräten die gleichen Informationen zur Verfügung zu stellen.

10.1 Praxisbeispiel: Gruppenkalender

Bericht eines ISBs:

> T34M-L34D: *„Wir hatten vor einigen Monaten ein Problem mit unseren Gruppenkalendern.*
>
> *Wenn ein gemeinsamer Gruppenkalender auf einem Gerät geöffnet wurde, das noch nicht synchronisiert war und deshalb die neuen Termine noch nicht kannte, wurden die Termine der anderen gelöscht und der Status des zuletzt geöffneten Gerätes übernommen.“*

10.2 Ihre Aufgabe als ISB

Wenn Gruppenkalender genutzt werden, müssen Regelungen eingerichtet werden, so dass keine älteren Terminstände die neuen überschreiben können.

ISO/IEC 27001 Anhang A.8.17 Uhrensynchronisation

Im günstigsten Fall schreiben die Mitarbeiter in ihre eigenen Kalender nur ihre Termine ein und der gemeinsame Gruppenkalender mischt alle Termine und hat nur Anzeigefunktion.

Beweise sind Belege darüber, dass etwas so stattfand,
wie später angegeben

11 Umgang mit Beweismitteln

Wenn Sie nach einem Einkauf Ihren Kassenbon in den Händen halten, ist das der Beweis dafür, dass Sie die Ware bezahlt haben.

Bei nachträglich ausgewerteter Videoüberwachung liegen möglicherweise Beweise einer Zutrittsverletzung vor. Die Norm fordert, derartige Beweise zu schützen.

ISO/IEC 27001 Anhang A.5.33 Schutz von Aufzeichnungen

11.1 Praxisbeispiel: Vertrauliche Vorfälle

Gespräch im Audit:

> *Interviewer: „Gab es bei Ihnen Informationssicherheitsvorfälle?"*

> *T34M-L34D: „Ja, wir hatten einen Informationssicherheitsvorfall."*

> *Interviewer: „Könnten Sie mir bitte die Aufzeichnungen oder das Protokoll dazu zeigen?"*

> *T34M-L34D: „Wir dokumentieren keine Informationssicherheitsvorfälle, damit wir nicht versehentlich noch einen Verstoß gegen den Datenschutz bekommen."*

Interviewer: „Sie dokumentieren überhaupt nichts zu einem Vorfall?"

T34M-L34D: „Erst wird dokumentiert, aber sobald entschieden ist, dass es sich um einen Vorfall handelt, erfolgt die sofortige Löschung des Tickets aus dem System. So wurde es uns von unserem externen Datenschutzbeauftragten dringend geraten."

11.2 Ihre Aufgabe als ISB

ISO/IEC 27001 Kap. 6.1 Maßnahmen zum Umgang mit Risiken und Chancen

Die ISO/IEC 27001 fordert von uns den Umgang mit Informationssicherheitsrisiken. Neue Vorfälle deuten meist auf neue oder noch unbekannte Schwachstellen hin.

ISO/IEC 27001 Anhang A.5.33 Schutz von Aufzeichnungen

Wenn wir Informationssicherheitsvorfälle dokumentieren, können wir nachträglich prüfen, ob unsere Maßnahmen richtig und angemessen waren.

Wenn wir überhaupt nichts mehr zu einem Vorfall besitzen, könnte es sein, dass wir uns falsch erinnern und unwirksame Maßnahmen implementieren.

Das Löschen von Informationen zu einem Vorfall führt dazu, dass unser ISMS nicht verbessert wird.

ISO/IEC 27001 Kap. 7.3 Bewusstsein

Für Sie als ISB wäre es auch hilfreich, wenn Sie einige Vorfälle für Ihre Bewusstseinsschulungen nutzen könnten, um Ihrer Belegschaft zu erläutern, wie deren Verhalten zu einem sichereren Betrieb führen kann.

12 Risikobeurteilungskriterien

Zu Ihren ersten Aufgaben als ISB gehörten Risikoanalysen. Je nachdem, wie Sie diese Risikoanalysen damals durchführten, können Sie auch heute noch nachvollziehen, wie Sie zu den Ergebnissen kamen oder nicht.

Ich sehe immer wieder Risikoanalysen, in denen keine Zahlen für die Bewertung verwendet, sondern je nach Stimmung des ISB oder externen Beraters ausschließlich Farben vergeben werden.

ISO/IEC 27001
Kap. 6.1.2
Informationssicher-
heitsrisikobeurteilung

Wenn Ihre Risikoanalyse logisch ist, kann selbst der Geschäftsführer im Zertifizierungsaudit erläutern, warum einige Risiken kritischer sind, als andere. Zahlen sind eindeutiger.

Wenn in einer Organisation für die Eintrittswahrscheinlichkeit und das Schadenspotential Zahlen eingesetzt werden, sind in den meisten Fällen selbst die Geschäftsführer in der Lage, die Top-Risiken zu identifizieren.

12.1 Praxisbeispiel: Gewachsene Fachkompetenz

Gespräch beim Audit:

> *Interviewer: „Welche Kriterien nutzen Sie zur Risikobeurteilung?"*

T34M-L34D: „Wir haben keine Kriterien zur Beurteilung von Risiken, Ereignissen oder Vorfällen."

Interviewer: „Wie schätzen Sie die Risiken dann ein?"

T34M-L34D: „Wir schätzen immer nach Fachkompetenz ein. Die Fachkompetenz ist bei uns gewachsen."

T34M-BO$$: „Wir haben da aber schon ein Problem, wenn der ISB mal nicht da ist, muss ich die Risiken einschätzen und das fällt mir nicht so leicht. Zum Beispiel das Risiko: Wenn eine Datenbank nicht erreichbar ist.

Das kann ich nicht einschätzen."

12.2 Praxisbeispiel: Erworbenes Bauchgefühl

Begutachtung einer Risikoanalyse im Audit:

Interviewer: „Bitte zeigen Sie mir Ihre Risikoanalyse."

Der ISB öffnet eine Worddatei, in der eine Tabelle zu aktuellen Risiken aufgebaut wurde. Ins Auge fallen dabei zwei Zeilen.

Eine rot gefärbte Zeile mit dem Schadenswert fünftausend Euro sowie eine gelb gefärbte Zeile mit dem Schadenswert einhunderttausend Euro.

Interviewer: „Wieso haben Sie den Schaden von fünftausend Euro rot gefärbt und den Schaden von einhunderttausend Euro nur gelb? Das ist nicht nachvollziehbar."

T34M-L34D: „Der Schaden von einhunderttausend passiert quasi nie. Aber der Schaden von fünftausend kann ständig passieren."

Interviewer: „Anhand der Tabelle kann man die Eintrittswahrscheinlichkeit gar nicht erkennen. Woher nehmen Sie das Kriterium, dass etwas häufiger oder seltener passiert?"

T34M-L34D: „Das hat unser Berater mir gesagt."

Interviewer zum T34M-BO$$: „Wie gehen Sie damit um, dass ein Schaden von einhunderttausend Euro ein geringeres Risiko darstellt, als ein fünftausend Euro-Schaden?"

T34M-BO$$: „Bisher schien, das Sinn zu machen."

Interviewer: „Was ist derzeit Ihre Risikoakzeptanz?"

T34M-EXTERNER: „Wir haben das Risiko bereits behandelt. Andere Risiken gibt es derzeit nicht."

Interviewer: Welches Risiko wurde behandelt? Meinen Sie das mit fünftausend Euro Schaden?"

T34M-EXTERNER: „Ja, genau das. Das Risiko war, dass die Mitarbeiter ihre Arbeitszeiterfassung nicht durchführen können und die Organisation dadurch zu spät Rechnungen stellen würde."

Interviewer: „Um welches Risiko ging es bei dem Schaden von einhunderttausend Euro?"

T34M-L34D: „Das haben wir nicht weiter betrachtet, weil es quasi nie passiert und wir die einhunderttausend mit Null multipliziert haben. Es ging um Produktionsausfall."

Interviewer: „Welche Maßnahme wurde für das Risiko der verspäteten Arbeitszeiterfassung umgesetzt?"

T34M-EXTERNER: „Es gibt jetzt einen Prozess, nach dem die Mitarbeiter am Folgetag ihre Arbeitszeiten erfassen müssen."

T34M-L34D: „Sie können ihm vertrauen, er hat ein erworbenes Bauchgefühl."

12.3 Ihre Aufgabe als ISB

Bei der Risikobeurteilung sollten Sie als ISB immer wieder mit Ihrer obersten Leitung im Gespräch bleiben und eruieren, ob Ihre Risikoeinschätzung bei der Leitung nachvollziehbar ist.

In einer Zertifizierung frage ich sehr gern die oberste Leitung nach den Top-Risiken. Dabei zeigt sich, dass sich leider die wenigsten Manager überhaupt für dieses Thema interessieren und bisher froh waren, wenn der ISB ihnen diese Einschätzung abgenommen hat.

Kapitel »0.1 Allgemeines« der ISO/IEC 27001 gibt im zweiten Abschnitt an, dass das ISMS die Vertraulichkeit, Integrität und Verfügbarkeit wahrt. Ihre Risikobetrachtung sollte also diese drei Hauptaspekte berücksichtigen.

ISO/IEC 27001
Kap. 0.1 Allgemeines

Ihr ISMS-Blick muss zum Kunden gerichtet sein. Im *Praxisbeispiel: Erworbenes Bauchgefühl,* »Absatz 12.2« scheint mir, ein Produktionsausfall wurde als unbedeutend eingeschätzt, das Rechnungsschreiben jedoch als äußerst wichtig.

ISO/IEC 27001
Kap. 6.1.2
Informationssicherheitsrisikobeurteilung

Wenn Sie nach ISO/IEC 27001 zertifiziert werden möchten, sollte die Verfügbarkeit Ihrer Produktionsstrecken die höchste Priorität erhalten.

Für den Fall, Sie haben Ihre Top-Risiken bereits abgearbeitet und besitzen nun nur noch mittlere Risiken, dann sollten Sie die Risikoakzeptanz geringfügig senken, um nun auch die ersten mittleren Risiken bewerten und reduzieren zu können.

ISO/IEC 27001
Kap. 8.2 Informationssicherheitsrisikobeurteilung

Hier sehen Sie einige Beispiele für mögliche
Risikobeurteilungskriterien.

Risikobeurteilungs-
kriterien

Schaden	
Bezeichnung	Wert
Datenverlust	7
Datenschutzvorfall	7
Fehlerhafte Ergebnisse	5
keine Verbesserung (KVP)	3
Keine Reisebuchung	1
kein Reputationsgewinn	5
Kundenverlust	6
Reisekosten sehr hoch	4
Reputationsverlust	8
Schulden	8
Zeitaufwände sehr hoch	3
Zertifikatsverlust	2

Verletzung Verfügbarkeit	
Bezeichnung	Wert
normal	1
hoch	2
kritisch	3
katastrophal	4

Gegenmaßnahmen	
Bezeichnung	Wert
viele, sehr wirksame	1
einige	2
eine	3
keine	4

Eintrittswahrscheinlichkeit	
Bezeichnung	Wert
alle 10 Jahre	1
alle 5 Jahre	2
jährlich	3
monatlich	4
wöchentlich	5
täglich	6
stündlich	7

13 Bedrohungen

„Wer die Gefahren fürchtet, der kommt durch sie
nicht um."[10]

Anders gesagt, es ist wie bei den Higgs-Teilchen. Wenn wir etwas erwarten, wird es so nicht eintreten, sondern anders. Eine Gefahr, auf die wir uns vorbereiten, wird uns weniger schaden, als eine unbekannte Bedrohung.

13.1 Praxisbeispiel: Demonstrationen und Corona

Risikobetrachtung im Audit:

T34M-L34D: „Wir hatten vor vier Jahren eine
neue Bedrohung aufgenommen."

Interviewer: „Um welche neue Bedrohung
handelt es sich da?"

T34M-L34D: „Seit einigen Jahren haben wir vor
dem Firmengelände Demonstrationen am
Montag und am Wochenende nach

---

[10] Leonardo da Vinci, italienischer Maler, Bildhauer, Architekt, Anatom, Mechaniker, Ingenieur und Naturphilosoph, 15. April 1452 – 2. Mai 1519

Fußballspielen. Wir haben hier das Risiko von Zerstörung und Vandalismus.

Ich hatte das früher nicht berücksichtigt und dann gab es zerstörte Mitarbeiter-KFZs und die Mitarbeiter weigerten sich, zu bestimmten Zeiten oder Tagen Schichten zu übernehmen. Es drohte also Personalausfall und ich musste diese Bedrohung zusätzlich aufnehmen.

Anschließend kam vor zwei Jahren Corona. Es gab keine Demonstrationen mehr, ich dachte, nun kann ich die Schichten wieder auf alle verteilen. Aber plötzlich hieß es, alle sollen von zuhause aus arbeiten, damit sich keiner ansteckt und ins Koma fällt.

Also wieder eine neue Bedrohung für uns."

13.2 Ihre Aufgabe als ISB

ISO/IEC 27001 Anhang A.5.7 Bedrohungsintelligenz

Genau wie im Beispiel kann sich auch bei Ihnen die Bedrohungslage über die Jahre verändern. Ihre Aufgabe ist es deshalb, offen für Informationen mit Bezug zur Informationssicherheit zu sein.

13.3 Praxisbeispiel: Microsoft-E-Mails

Erzählung eines Geschäftsführers im Audit:

T34M-BO$$: „Ich bekam vor einigen Wochen eine E-Mail von Microsoft, so schien es *zumindest. Sie sah exakt so aus, wie die anderen E-Mails von denen. Auch alle eingebundenen Grafiken sahen absolut vertrauenswürdig aus.*

In der E-Mail wurde ich darauf hingewiesen, dass bei mir ein neues Windows-Update ansteht und wenn ich dies installieren möchte, könnte ich direkt den Link nutzen.

Beinahe hätte ich den Link angeklickt, aber plötzlich sagte mir eine innere Stimme, dass das E-Mail möglicherweise eine Fälschung sein könnte.

Ich leitete sie meinen IT-Jungs weiter, die meinen Verdacht bestätigten.

Da sehen Sie, wie gut bei uns die Awareness bis in die oberen Etagen nachschwingt."

13.4 Praxisbeispiel: Ablauf der Firmen-Domain

Erzählung im Audit:

T34M-BO$$: „Vor kurzem erhielt ich eine persönliche E-Mail mit dem dringenden Hinweis, dass unsere Firmen-Domain bald ausläuft und wenn wir unsere Webseite weiterhin nutzen wöllten, könnte ich über den Link die Laufzeit verlängern.

Sie müssen sich vorstellen, die Absender wussten genau, dass ich hier Geschäftsführer bin und haben mich direkt angesprochen und mir meine Verantwortung für die Webseite verdeutlicht.

Ich bekam einen richtigen Schreck, als ich mir vorstellte, dass ich die Laufzeitverlängerung unserer Webseite beinahe verpasst hätte und wollte schon auf den Link klicken. Ich war richtig unter Stress.

Dann habe ich den IT-Leiter angerufen und gefragt, ob er sich schon um die Laufzeitverlängerung für unsere Webseite gekümmert hat."

Interviewer: „Und wie war seine Antwort?"

T34M-BO$$: „Er fragte, ob wir den 1. April haben?"

13.5 Ihre Aufgabe als ISB

Der Stressfaktor ist eine beliebte Methode im Bereich Social Engineering. Ein Opfer wird unter zeitlichen Druck gesetzt, damit es möglichst, ohne viel darüber nachzudenken, handelt.

Sie müssen in Ihren Schulungen darauf hinweisen, dass niemals keine Zeit für eine Rückfrage bleibt.

13.6 Praxisbeispiel: Hochwasser

Interview zu einem Informationssicherheitsvorfall:

> *Interviewer: „Gab es bei Ihnen mal einen größeren Informationssicherheitsvorfall?"*
>
> *T34M-L34D: „Also der größte Vorfall meiner Berufsgeschichte war im August 2002, als wir das Hochwasser hatten."*
>
> *Interviewer: „Was war passiert?"*
>
> *T34M-L34D: „Ich war für die Archivierung in Krankenhäusern zuständig. Da wurden beispielsweise Röntgenbilder, OP-Berichte und Patientenakten immer in dunklen Kellerräumen gelagert.*
>
> *Dann kam das Elbe-Hochwasser und in meinem Krankenhaus standen alle Kellerräume komplett unter Wasser."*
>
> *Interviewer: „Und konnten Sie etwas retten?"*
>
> *T34M-L34D: „Nein, alle Informationen waren verloren. Nur ganz wenige Ärzte hatten damals OP-Daten auf ihren persönlichen Rechnern und nur diese Daten konnten wir auszugsweise noch nutzen. Aber eigentlich waren alle Daten weg. Keiner wusste danach, welcher Arzt, welchen Patienten mal operiert hatte und wegen was*

eigentlich. Auch die ganzen Röntgenbilder waren alle weg. Damit hatte keiner gerechnet."

13.7 Ihre Aufgabe als ISB

Anhand der oben gezeigten Praxisbeispiele können Sie erkennen, nicht immer sind Bedrohungen im Vorfeld bekannt. Wichtig sind an erster Stelle Sensibilisierungen bis zur Ebene der Geschäftsführung. Aber auch Datensicherungen.

ISO/IEC 27001 Anhang A.8.13 Sicherung von Information

Nach dem Elbe-Hochwasser im Jahr 2002 wurden viele Veränderungen in Rechenzentren und Archiven durchgeführt.

Sie als ISB haben die Aufgabe, bei Ihrer Risikoanalyse auf mögliche Gefährdungen zu achten und diese zu bewerten.

BSI IT-Grundschutz-Kompendium

Das BSI bringt seit 2018 mittlerweile jährlich eine Aktualisierung des Grundschutz-Kompendiums mit über achtzig IT-Grundschutz-Bausteinen und Standard-Empfehlungen zu Methoden, Prozessen und Verfahren herausgebracht.

ISO/IEC 27001 Kap. 6.1.2 Informationssicherheitsrisikobeurteilung

Ziel dieses Kompendiums ist ein Standard-Sicherheitsniveau durch infrastrukturelle, organisatorische, personelle und technische Maßnahmen. Derzeit listet dieses Kompendium siebenundvierzig elementare Gefährdungen wie beispielsweise *G001 Feuer*, *G015 Abhören* oder *G047 Schädliche Seiteneffekte* auf.

Ich empfehle Ihnen, dass Sie sich für Ihre Risikobeurteilung Anregungen in diesem Kompendium holen.

13.8 Praxisbeispiel: Molotowcocktail

Bericht über einen Informationssicherheitsvorfall:

Interviewer: „Gab es bei Ihnen in der letzten Zeit einen Sicherheitsvorfall?"

T34M-BO$$: „Ja, leider. Bei uns hat es gebrannt."

Interviewer: „Was ist denn passiert?"

T34M-BO$$: „Wir waren Opfer eines Anschlags. Jemand hat uns einen Molotowcocktail durch das Fenster geworfen und dann brannte der Teppich in unserem Büro."

Interviewer: „Haben Sie einen Verdacht weshalb?"

T34M-BO$$: „Ja, wir sind immer mal wieder Opfer."

Interviewer: „Wieso denn?"

T34M-BO$$: „Wir bauen an staatlichen geförderten Neubauten mit. Wir konzipieren alle Leitungen für Strom, Wasser, Heizung und alle Schließanlagen, Einbruchmeldeanlagen, Rauchmelder und Videoüberwachung. Danach gehen wir auf die Baustellen und übernehmen auch die Bauleitung."

Interviewer: „Aber das klingt doch gut. Wen könnte das stören?"

T34M-BO$$: „Wir bauen Gefängnisse."

Interviewer: „Ach so und wer weiß davon?"

T34M-BO$$: „Alle, die auf die großen Werbetafeln an Baustellen sehen. Wir haben schon versucht, nicht genannt zu werden. Aber bei Förderprojekten werden alle beteiligten Organisationen genannt. Und auf unserer Webseite machen wir extra keine Werbung dafür."

13.9 Ihre Aufgabe als ISB

Für den Fall, Ihre Organisation entwickelt ebenfalls sehr vertrauliche Produkte oder Produkte, an denen sich andere stören könnten, sollten Sie auf strengste Geheimhaltung achten. Jeder muss wissen, dass es sich um eine Hochsicherheitsaufgabe handelt und Gefahr für die Organisation besteht, wenn vertrauliche Informationen nach Außen gelangen.

14 Schwachstellen

Kevin Mitnick ist Geschäftsführer und Experte im Bereich Social Engineering. Er schreibt Bücher zum Thema IT-Sicherheit und Hacking. Er greift dabei auf seine umfangreiche Erfahrung als ehemaliger Netzwerk-Hacker großer Firmen zurück. Nachdem er für seine früheren Hacker-Tätigkeiten fünf Jahre im Gefängnis saß, begann er seine Bücher zu schreiben. Ein Zitat von ihm lautet:

> *„Wenn Sie versuchen, Ihre Systeme idiotensicher*
> *zu machen, wird es immer einen Idioten geben,*
> *der einfallsreicher ist als Sie."*[11]

14.1 Praxisbeispiel: Herzschrittmacher

Eröffnungsgespräch vor einer Beratung zum ISMS-Aufbau:

> *T34M-L34D: „Ja, wir benötigen jetzt dringend ein*
> *ISO/IEC 27001-Zertifikat. Die Kunden fordern das*
> *von uns."*

---

[11] Kevin Mitnick, ehemaliger Hacker großer Firmennetzwerke, jetzt GF

Interviewer: „Seit wann wollen die Kunden das Zertifikat sehen?"

T34M-L34D: „In Amerika wurden die Herzschrittmacher gehackt und jetzt haben die Europäer Angst, dass so etwas hier auch passieren könnte."

Interviewer: „Wie sind denn die Herzschrittmacher gehackt geworden?"

T34M-L34D: „Also, so ein Herzschrittmacher sollte so in etwa zehn Jahre halten von der Batteriekapazität her.

Aber wenn man den Batteriestatus permanent abruft, kann die vorhandene Energie so stark sinken, dass die Batterie des Herzschrittmachers bis auf wenige Monate oder sogar Wochen geleert wird. Davor haben unsere Kunden jetzt Angst."

Interviewer: „Und was wollen Sie konkret zertifizieren lassen?"

T34M-L34D: „Ein externer Berater meinte, es würde die Büro-IT ausreichen, da der Kunde ja nicht weiß, was darunterfällt. Aber da haben wir Zweifel und brauchen jetzt noch eine andere Meinung."

14.2 Ihre Aufgabe als ISB

Sie sollten bei Ihrem Zertifizierungsscope genau die Prozesse und Dienstleistungen berücksichtigen, für die Ihre Kunden bezahlen.

Bei einem Herzschrittmacher wäre das der Prozess, des Datenabrufens. Also müssen Sie diesen Prozess absichern und zertifizieren lassen.

14.3 Praxisbeispiel: Serverschrank mit Holzbretteinlagen

Rundgang durch den Serverraum eines Seniorenheims während eines Audits:

> Interviewer: „Ich sehe gerade, dass Sie in Ihrem Serverschrank Holzeinlegeböden benutzen. Wer ist denn auf diese Idee gekommen?"

> T34M-L34D: „Das war meine Idee. Dem Serverschrank fehlten noch einige Zwischenböden."

14.4 Ihre Aufgabe als ISB

Als ISB müssen Sie darauf achten, dass sich keine Brandlasten, wie beispielsweise Pappe, Holz oder Spraydosen im Serverraum befinden. Da Hardware mitunter sehr heiß wird und entflammen kann, dürfen keine Holzbretter im Serverschrank stecken.

ISO/IEC 27001 Anhang A.7.8 Platzierung und Schutz von Geräten und Betriebsmitteln

14.5 Praxisbeispiel: Freizugänglicher Schwesternrechner

Bericht eines Seminarteilnehmers:

> T34M-L34D: „Bei uns im Krankenhaus stehen die PCs der Krankenschwestern und Pfleger immer in offenen Büros. Einmal fanden wir einen eingesteckten USB-Stick an einem PC und konnten die Herkunft nicht feststellen.
>
> Was wir aber herausfanden war, dass ein Tool installiert war, dass jede Tastatureingabe mitschreibt.
>
> Wir haben danach mit Sensibilisierungsmaßnahmen begonnen und die Mitarbeiter aufgefordert, öfter auch mal hinter die PCs zu schauen, ob da ein fremder USB-Stick eingesteckt worden ist."

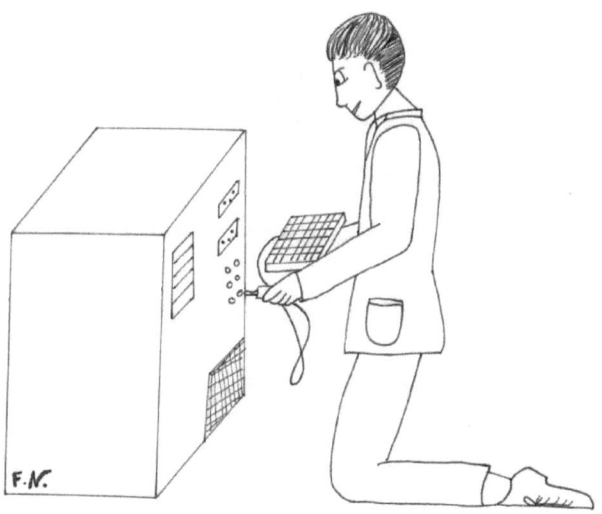

14.6 Ihre Aufgabe als ISB

Ein Keylogger ist eine Hard- oder Software, die Tastatureingaben protokollieren kann. Ein Angreifer steckt beispielsweise einen Keylogger zwischen die Eingabebuchse für die Tastatur am PC und den eigentlichen Tastaturstecker in den Keylogger.

ISO/IEC 27001
Kap. 6.1.2
Informations-
sicherheitsrisiko-
beurteilung

Die Tastatureingaben fließen durch den Keylogger hindurch und können dadurch aufgezeichnet werden. Wird der Keylogger später abgezogen, enthält er sämtliche Zeichen, die über die Tastatur eingegeben wurden. Natürlich auch Usernamen und Passwörter.

15 Sicherheitsbereiche

Nicht alle unbefugten Zutritte basieren auf kriminellen Hinterge-
danken. Auch Besucher, Touristen oder Familienangehörige können versehentlich in Sicherheitsbereiche, beispielsweise in eine In-
tensivstation im Krankenhaus gelangen.

Wichtig ist, dass wir Sicherheitsbereiche erkennen und diese vor
unbefugten Zutritten absichern.

15.1 Praxisbeispiel: Kupferkabeldiebe

Bericht eines ISBs:

> *T34M-L34D: „Wir haben bei uns viele*
> *Kupferkabel, die aus der Erde ragen, um*
> *Stromkabel-Verbindungen zu legen.*
>
> *Um unser Kabelfeld zu überwachen, haben wir*
> *einen Bewegungssensor eingerichtet und immer*
> *dann, wenn kein Zutritt erlaubt ist, also kein*
> *Mitarbeiter sich authorisiert hat, wird über*
> *Lautsprecher eine Sprachnachricht abgespielt,*
> *sobald eine Bewegung erkannt wird."*
>
> *Interviewer: „Was für eine Sprachnachricht wird*
> *denn da abgespielt?"*

T34M-L34D: „Hochspannung. Lebensgefahr. Bitte verlassen Sie umgehend das Gelände."

Interviewer: „Und kam die schon mal zum Einsatz?"

T34M-L34D: „Ja. Sobald die Sprachnachricht aktiviert wird, nimmt auch unser Videosystem auf. Wir sahen dann zwei Jugendliche, die rasend schnell wegliefen.

Aber etwa drei Stunden später kamen sie wieder. Die Sprachnachricht wurde wieder abgespielt, das Video zeichnete wieder auf. Aber die Jugendlichen liefen völlig entspannt einfach weiter, holten ihren vergessenen Rucksack und ihr Werkzeug und gingen dann weg. Dachten anscheinend, es passiert ja sowieso nichts.

Sie versuchten sogar noch mit ihren Werkzeugen, die Kupferkabelenden abzutrennen, aber da kam dann schon die Polizei."

15.2 Ihre Aufgabe als ISB

In diesem Beispiel können Sie erkennen, dass bereits Maßnahmen nach Vorfällen umgesetzt worden sind, da aber immer noch nicht vollständig ausreichen. Im obigen Beispiel wurde nach der ersten Sprachausgabe-Maßnahme, eine zweite Maßnahme etabliert. Die zweite Maßnahme informiert zum Zeitpunkt der ersten Sprachausgabe die Polizei, damit die vor Ort die Lage prüfen kann.

15.3 Praxisbeispiel: Hotelzimmerschlüssel

Bericht eines Hotelangestellten:

> T34M-L34D: „Wir hatten vor einigen Monaten eine Beschwerde von einem Gast. Er bewohnte die dritte Etage am Fahrstuhl.
>
> Früh gegen sechs Uhr wurde seine Zimmertür geöffnet und er wurde beschimpft, dass er im falschen Zimmer schlafen würde und augenblicklich verschwinden solle.
>
> Es stellte sich heraus, dass der andere Gast eine Etage über ihm das Zimmer bewohnte, aber am Fahrstuhl versehentlich zu früh ausgestiegen war. Als er das Zimmer nach dem Frühstück öffnete, geriet dieser Gast in Panik, als er einen fremden Mann in seinem Zimmer schlafen sah.
>
> Die beiden haben sich dann regelrecht beschimpft, bis ihnen klar wurde, wer im falschen Zimmer gelandet war.
>
> Unser Gast hat sich daraufhin massiv beschwert, weil ihm durch den unbefugten Zutritt des Fremden auffiel, dass andere

Zimmerzutrittskarten auch zu seinem Zimmer passen.

Wir konzipieren deshalb gerade ein neues Schließ- und Rechtekonzept. "

15.4 Ihre Aufgabe als ISB

Leider sind unbefugte Zutritte, egal ob versehentlich oder absichtlich keine Seltenheit. Offene oder leicht zu öffnende Türen können in allen Bereichen zu einem Risiko führen.

ISO/IEC 27001 Anhang A.7.3 Sichern von Büros und Räumen

Ihre Aufgabe ist es, die Räume zu identifizieren, in denen sich Werte befinden und für diese Räume Zutrittsregeln aufzustellen.

Räume, in denen sich personenbezogene Daten befinden, wie beispielsweise das Personalbüro oder die Gästezimmer in Hotels sind immer als sensibel zu bewerten.

Räume, in denen sich die IT-Infrastruktur, Server, Datensicherungen oder USVs[12] befinden, müssen Sie als kritisch bewerten.

Auch Räume der obersten Leitung enthalten sensible Daten und müssen besonders geschützt werden.

Wenn Sie die sensiblen und kritischen Räume identifiziert haben, heißt es, die Zutrittssteuerung zu definieren. Das ist keine Aufgabe, die ein ISB allein umsetzen muss.

ISO/IEC 27001 Anhang A.7.2 Zugangssicherheit

---

[12] USV: Gerät für die Unterbrechungsfreie Stromversorgung

Im Normalfall werden für sensible und kritische Räume Schließkonzepte erstellt, aus denen hervorgeht, wer, wann, wozu Räume betreten muss und wer die Zutritte überwacht oder überprüft.

Generalschlüssel für alle Mitarbeiter zum Öffnen aller Räume sind nicht konform zur Norm.

ISO/IEC 27001 Anhang A.5.15 Zugangskontrolle

In Ihrer Zugangssteuerungsrichtlinie sollten Sie Ihrem Personal beispielsweise Vorgaben zum Betreten und Abschließen von Räumen, zum Umgang mit den eigenen Kennwörtern und zum Vorgang der Rechtebeantragung geben.

16 Rechtevergabe

Ihr berechtigter Anspruch, Informationen zu erstellen, zu ändern oder zu löschen, wird im Privaten durch Sie selbst definiert.

Im beruflichen Umfeld entscheiden meist andere, was Sie sehen, ändern, verschieben oder auch löschen dürfen. Manchmal fühlen Sie sich wahrscheinlich von zu begrenzten Rechten eingeengt. Ich selbst habe es sehr lästig empfunden, an meinen früheren Arbeitsplätzen, andere um Rechte bitten zu müssen.

Andererseits wächst auch die eigene Verantwortung, mit dem Umfang aller Berechtigungen. Wenn alles möglich ist, könnten auch alle möglichen Fehler passieren.

Meinen Seminarteilnehmern sage ich öfter, wenn Ihre Mitarbeitenden, ihre Rechner beispielsweise bewusst nicht sperren wollen, tragen sie auch die Verantwortung, wenn in ihren Namen E-Mails ver-schickt werden.

ISO/IEC 27001 Anhang A.5.15 Zugangskontrolle

Noch gravierender ist es, wenn Personen gar nicht wissen, was sie alles mit ihren Rechten anfangen könnten, aber eigentlich gar nicht können sollten.

16.1 Praxisbeispiel: Sammeluseraccounts für Mitarbeiter

Bericht eines Seminarteilnehmers:

> T34M-L34D: „Wir hatten bei uns mal das Problem, dass ein neuer Mitarbeiter und der Werkstudent sich plötzlich stritten, als ginge es um ihr Leben."

> Interviewer: „Was war da passiert?"

> T34M-L34D: „In einer Kundendatenbank waren einige SQL-Skripte gelöscht und beide beschuldigten vor allen Kollegen lautstark den jeweils anderen."

> Interviewer: „Konnte der Verursacher ermittelt werden?"

> T34M-L34D: „Naja, zu Beginn dachten alle, dass der Werkstudent es war, weil in den Logfiles sein bekannter Username stand. Aber bei genauer Analyse zeigte sich, dass der neue Kollege unter demselben Usernamen arbeitete. Er hatte bei Arbeitsantritt von seinem Vorgesetzten einfach einen Zugang erhalten, den schon unser Werkstudent hatte. Und der Werkstudent war am Vorfallstag gar nicht im Haus. Der hatte also ein Alibi."

Interviewer: „Und was wurde danach getan?"

T34M-L34D: „Der Admin musste neue personalisierte Useraccounts anlegen und sich eine Änderung für seinen Rechtevergabe-Prozess überlegen. Es fiel auf, dass wir sehr viele dieser Sammeluseraccounts im Hause hatten und sogar Externe, wie beispielsweise unsere Studenten damit arbeiteten, was aber bis dahin nie zu Problemen geführt hatte."

16.2 Ihre Aufgabe als ISB

Das Kopieren von Rechteprofilen oder Gruppenrollen ist ein pragmatischer Ansatz, um in angemessener Zeit, einem Mitarbeiter alle benötigten Rechte zu übertragen.

ISO/IEC 27001 Anhang A.5.18 Zugangsrechte

Ein Problem könnte dabei entstehen, wenn bereits vergebene Rechte nicht entzogen werden und die Mitarbeiter bei jeder Rechtekopie weitere Rechte zusätzlich erhalten.

Ein Softwareentwickler, der beispielsweise früher Quellcode erstellt hat und dafür alle Entwicklerrechte hatte, könnte mit zusätzlichen Transportrechten seinen Quellcode zukünftig auch direkt in die Produktivumgebung übertragen, ohne dass Änderungen nach einem View-Augen-Prinzip geprüft würden.

Ein Bankangestellter, der früher Überweisungen lediglich erfasst hat, könnte mit neuen Freigaberechten, auch gleich die Überweisung ohne eine unabhängige Prüfung und Freigabe im View-Augen-Prinzip durchführen.

ISO/IEC 27001 Anhang A.5.15 Zugangskontrolle

In Ihrer Zugangssteuerungsrichtlinie sollten deshalb die Administratoren, die Rechte vergeben können, aufgefordert werden, nicht mehr benötigte Rechte regelmäßig zu überprüfen und zu entziehen.

ISO/IEC 27001 Anhang A.5.3 Aufgaben-trennung

Bei Aufgaben, die in Konflikt stehen können, fordert die Norm Aufgabentrennung. Wenn zwei Mitarbeiter unter dem gleichen Account arbeiten, kommt es zwangsläufig zu einem Konflikt. Letzte Änderungen sind nicht eindeutig einem Mitarbeiter zuordenbar.

Um Änderungen in Systemen oder Programmcode einem Mitarbeiter zuordnen zu können, sind deshalb personalisierte Useraccounts einzurichten.

17 Zugangssteuerung

*„Die Organisationen stecken Millionen von
Dollars in Firewalls und Sicherheitssysteme und
verschwenden ihr Geld, da keine dieser
Maßnahmen das schwächste Glied der
Sicherheitskette berücksichtigt: Die Anwender
und Systemadministratoren.“*[13]

17.1 Praxisbeispiel: Ausgeschalteter Monitor

Beobachtung im Audit:

*Interviewer: „Ich würde jetzt gerne den
Rundgang machen, um zu sehen, ob all, die nicht
am Platz sind ihre Rechner gesperrt haben.“*

T34M-L34D: „Woran wollen Sie das erkennen?“

*Interviewer: „Wenn auf den Monitoren ein
Sperrbild zu sehen ist, reicht mir das.“*

Beim Rundgang sind unbesetzte Monitore schwarz.

---

[13] Kevin Mitnick, siehe Kapitel 14 Schwachstellen

Interviewer: „Könnten Sie mal bitte die Maus bewegen?"

T34M-L34D bewegt die Maus, der Monitor bleibt schwarz.

T34M-L34D: „Und was denken Sie als Außenstehende? Sie denken bestimmt, der Rechner ist gesperrt."

T34M-L34D schaltet den Monitor an und ist im System angemeldet.

T34M-L34D: „Keine Sorge, das sind alles nur Anzeigefunktionen."

17.2 Ihre Aufgabe als ISB

ISO/IEC 27001 Anhang A.7.7 Aufgeräumter Schreibtisch und Bildschirmsperre

In Ihrer Richtlinie für eine »aufgeräumte Arbeitsumgebung und Bildschirmsperren« sollten Sie den Mitarbeitern vorgeben, wie diese ihre Bildschirme zu sperren haben. Günstiger wäre es noch, wenn Sie die Bildschirme automatisch nach einer vorgegebenen Zeit sperren lassen würden.

17.3 Praxisbeispiel: Geliebte am Firmentor

Erzählung eines ISBs:

ISO/IEC 27001 Anhang A.7.2 Zugangssicherheit

T34M-L34D: „Eigentlich funktioniert bei uns die Zugangskontrolle sehr gut, weil alle beim Pförtner vorbeimarschieren.

Eines Tages kam aber eine Dame, die meinte, sie hätte einen Termin beim großen Chef. Unser Pförtner ließ sie nicht durch.

Dann meinte die Dame, sie sei die Freundin vom Chef. Aber, da der Chef verheiratet ist, glaubte der Pförtner ihr das nicht und lehnte ihren Eintrittswunsch ab.

Sie bat den Pförtner beim Chef anzurufen, aber das tat er nicht, weil er ihn nicht belästigen wollte.

Also musste die Dame warten. Sie rief dann selbst beim Chef an und dieser rief beim Pförtner an, um den Besuch zu genehmigen. Da aber der Pförtner die Stimme des Chefs noch nie am Telefon gehört hatte, lehnte er auch das ab. Er war sich sicher, dass die Dame einen Helfer angerufen hatte, um ins Firmengelände zu gelangen.

Er ließ die Dame nicht ins Gelände.

Wenige Stunden später gab es eine Beschwerde der Geschäftsleitung an das Wach- und Schließteam und die mussten für die Dame eine Sonderbesuchsgenehmigung ausstellen."

17.4 Ihre Aufgabe als ISB

Aus meiner Sicht hat der Pförtner alles richtig gemacht und vermutlich wurde er durch seinen ISB sehr gut sensibilisiert.

ISO/IEC 27001 Anhang A.7.2 Zugangssicherheit

Sie sollten mit Ihren Mitarbeitern den Umgang mit Fremden am Empfang besprechen und Beispiele aus anderen Organisationen nennen.

Und Sie sollten sich auch regelmäßig durch Überprüfungen vergewissern, dass tatsächlich keine Unbefugten eingelassen werden.

ISO/IEC 27001 Anhang A.5.35 Unabhängige Überprüfung der Informationssicherheit

18 Authentisierungsinformation

„Passwörter sind wie Unterwäsche. Du darfst sie keinen sehen lassen, musst sie regelmäßig wechseln und solltest sie nicht mit Fremden tauschen.“[14]

18.1 Praxisbeispiel: Verbot von 3853

Bericht eines Seminarteilnehmers:

T34M-L34D: „Wir erhielten mal von einer Behörde die Aufforderung, dass wir auf Mobiltelefonen mit Tasten keine Kennwörter verwenden dürfen, wie beispielsweise ‚3853‘ und die somit leicht zu erraten sind.“

Interviewer: „Wieso sollte ‚3853‘ leicht zu erraten sein?“

T34M-L34D: „Die Zifferntasten null bis neun sind auch mit Buchstaben belegt und bei ‚3853‘ kann sich der Mitarbeiter leicht das Wort ‚EULE‘ merken.“

---

[14] Technik-Blogger Chris Pirillo

Interviewer: „Oh, es scheint mir gar nicht leicht, eine Zahlenkombination zu finden, die kein Wort ergibt, da ja jede Ziffer mit mehreren Buchstaben belegt ist. Was haben Sie denn da gemacht?"

T34M-L34D: „Daraus folgte, dass wir alle nur noch vier gleiche Ziffern einsetzten."

Der ISB lacht herzlich auf und ergänzt:

T34M-L34D: „Also: ‚0000‘, ‚1111‘ und ‚9999‘. Bei den drei Ziffernreihen waren keine Wörter möglich."

18.2 Ihre Aufgabe als ISB

Sie als ISB sind verantwortlich dafür, dass es bei Ihnen Regeln zum Umgang mit Kennwörtern gibt. Die technischen Regelungen gibt normalerweise die IT-Abteilung vor und die organisatorischen Regeln Sie. Sie sollten dazu eine Passwort-Richtlinie erstellen.

ISO/IEC 27001 Anhang A.5.17 Authentisierungs-informationen

In dieser Passwort-Richtlinie nennen Sie Ihrer Belegschaft die Komplexität der einzusetzenden Kennwörter und den Umgang mit diesen.

Beliebt sind Kennwörter, die aus den Anfangszeichen eines Satzes gebildet werden. Beispielsweise könnte das Kennwort: `DgHdI2IUaI!` aus dem folgenden Text generiert worden sein:

Die ganze Härte der ISO 27001

Ihr Untergang als ISB!

19 Überwachung

„Wir müssen schon aufpassen, dass die Menschen nicht aus Furcht vor Überwachung beginnen, sich anders zu verhalten. Aber die Gesetzgebung kann sich nicht ausschließlich an Neurotikern oder Paranoiden ausrichten."[15]

19.1 Praxisbeispiel: Nächtlicher Upload

Bericht über einen Informationssicherheitsvorfall:

T34M-L34D: „Unser Admin überwacht bei uns das Upload-Verhalten. Normalerweise werden etwa vierzig Megabit pro Nacht weggeladen. Aber dann stellte er fest, dass in drei Nächten hintereinander über vierhundert Gigabit weggeladen wurden.

Bei seinen Untersuchungen entdeckte er, dass Softwarequellcode weggeladen wurde.

---

[15] Dieter Wiefelspütz, *22.09.1946 Lünen, 1987 – 2013 Abgeordneter des Deutschen Bundestages

*Da wir Software herstellen und verkaufen, war
das für uns schwerwiegend. Wir schalteten die
Polizei ein.*

*Die kamen und beschlagnahmten unsere Geräte,
um selbst Analysen durchzuführen.*

*Bis jetzt wissen wir nicht, wer den Quellcode
abgezogen hat und unsere Geräte sind auch
weg."*

19.2 Ihre Aufgabe als ISB

Achten Sie darauf, dass im Notfall ein IT-Forensik-Unternehmen eine System-Kopie Ihrer Server und Geräte vornimmt. Wenn die Kriminalpolizei zu Ihnen gerufen wird, muss sie leider alle Beweismittel einziehen. Es kann sehr lange dauern, bis die Geräte zurückkommen. Eventuell bleiben diese auch für immer bei der Polizei.

ISO/IEC 27001 Anhang A.5.33 Schutz von Aufzeichnungen

19.3 Praxisbeispiel: Video vom Softwarefehler

Unterhaltung mit einem ISB:

*T34M-L34D: „Vor einiger Zeit erhielt unser Admin
eine E-Mail von einem externen Kollegen, der
schon einige Jahre als Softwareentwickler für uns
arbeitet.*

In seiner E-Mail schrieb dieser, dass er im Software-Quellcode eines anderen Kollegen einen Fehler entdeckt hätte und dazu ein Video erstellt hat. Das Video hätte er in die Cloud gelegt, damit das E-Mail nicht zu groß würde."

Interviewer: „Und hat sich der Admin das Video angesehen?"

T34M-L34D: „Ja, er hat das Video gestartet, aber zeitgleich wurde bei ihm eine Schadsoftware installiert und weil er Adminrechte besaß, wurde der Schadcode im gesamten Netzwerk festgesetzt. Danach wurden Daten abgesaugt und Dateien anschließend zerstört."

Interviewer: „War es denn bei Ihnen üblich, dass Videos von Softwarefehlern erstellt werden?"

T34M-L34D: „Nee, gar nicht. Es wurde dann ein Forensik-Unternehmen beauftragt, das feststellte, dass der Täter aus keinem europäischen Land kam und man nichts machen könnte."

19.4 Ihre Aufgabe als ISB

Im Kapitel »9.1 Überwachung, Messung, Analyse und Bewertung« werden Sie aufgefordert, sich zu überlegen, wer, wann, was und wie überwacht werden soll.

ISO/IEC 27001 Kap. 9.1 Überwachung, Messung, Analyse und Bewertung

Die Überwachungsthemen kommen bei den meisten Organisationen aus der Risikoanalyse. Es wird zuerst ein Risiko identifiziert und eine Gegenmaßnahme etabliert und anschließend soll mit einer Überwachung oder Analyse festgestellt werden, ob das Risiko nun eine geringere Eintrittswahrscheinlichkeit besitzt.

In dem vorher genannten Beispiel wurde vermutlich Industriespionage betrieben. Wenn Sie ein derartiges Risiko bei sich vermuten, wäre die Überwachung von unbefugten Uploads eine Kennzahl, die Sie vorsehen müssten.

Im letzten Beispiel handelt es sich um Schadsoftware. Schadsoftware per E-Mail ist ein bekanntes Risiko. Gegen dieses Risiko müssen Sie Ihre Mitarbeiter sensibilisieren. Sie berichten Ihrer Belegschaft also von Vorfällen in anderen Organisationen und erklären, welchen Schaden andere Organisationen hatten, nachdem Personal unbekannte E-Mail-Anhänge geöffnet hat oder unbekannten E-Mail-Verlinkungen gefolgt ist.

ISO/IEC 27001 Anhang A.8.7 Schutz vor Schadsoftware

Die Aufforderung, Videos anzusehen, sollten Sie verbieten.

20 Backup

ISO/IEC 27001 Anhang
A.8.13 Sicherung von
Information
Ich selbst nutze für die Datensicherung eine NAS[16]- und eine Cloud[17]-Lösung. Für mich ist ein kompletter Informationsverlust gravierender, als mögliche unbefugte Zugriffe durch potenzielle Angreifer.

20.1 Praxisbeispiel: Fehlendes Backup

Gespräch im Audit:

> *Interviewer: „Können Sie mir zeigen, wann Ihr letztes Backup durchgeführt wurde?"*

> *T34M-L34D: „Ich muss da in unserer Richtlinie nachsehen."*

T34M-L34D öffnet die Backup-Richtlinie. In der steht, dass diverse Backups regelmäßig durchgeführt werden müssen.

> *T34M-L34D: „Also, Sie sehen ja hier. Wir führen regelmäßig Backups durch."*

---

[16] NAS: Network Attached Storage, netzgebundener Speicher
[17] Cloud-Speicher: Datenspeicherung bei einem Service-Anbieter auf seinen Servern im Internet

Interviewer: „Können Sie mir noch zeigen, wann konkret das letzte Backup durchgeführt wurde?"

T34M-L34D: „Na, da müsste ich jemanden fragen. Ich selbst mache keine Backups. Das sind unsere IT-Jungs und -Mädels."

T34M-L34D kontaktiert per Telefon einen Kollegen und fragt nach dem letzten Backup.

T34M-L34D: „Mein Kollege sagt, heute wurde noch kein Backup gemacht. Aber das könnte man heute Nachmittag erledigen, wenn das fürs Audit gewünscht wird."

Interviewer: „Und wann war nun das letzte Backup?"

T34M-L34D: „Das hat mein Kollege grad vergessen zu sagen, da frage ich gleich noch mal nach."

T34M-L34D ruft seinen Kollegen erneut an und fragt nach dem letzten Backup.

T34M-L34D: „Mein Kollege sagt, er wüsste nichts von einem Backup. Wurde wohl vergessen. Aber wir haben den Prozess ja dokumentiert und beim Audit werden ja nur die Dokumente geprüft und die sind ja da."

20.2 Ihre Aufgabe als ISB

ISO/IEC 27001 Anhang A.8.13 Sicherung von Information

Ihre Aufgabe ist es die regelmäßigen Datensicherungen zu überprüfen. Die Backups sollten erstellt und sichergestellt sein, dass ein Wiedereinspielen möglich ist. Lassen Sie sich die Protokolle dazu zeigen.

20.3 Praxisbeispiel: Ledertasche für Sicherungsbänder

Beobachtung beim Rundgang im Audit:

> Interviewer: „Können Sie uns bitte jetzt Ihre Sicherungsbänder zeigen?"

Der ISB bittet uns zu folgen und läuft zielstrebig voran. Wir schreiten durch mehrere Gänge mit offenen Türen. Er grüßt seine Kollegen und ruft ihnen zu, dass nun der Rundgang mit den Auditoren stattfindet. Dann nimmt er eine scharfe Linkskurve in ein offenes Büro, greift nach einer offenen Ledertasche, die am Boden steht, stellt die Tasche auf den Tisch, greift ins Tascheninnere, holt Bänder heraus und übergibt uns diese. Auf den Bändern steht im Klartext, was auf ihnen gespeichert ist.

> Interviewer: „Werden die Bänder mit dieser Tasche auch transportiert?"

> T34M-L34D: „Ja, die Tasche wird genauso auch zum Transport eingesetzt."

20.4 Ihre Aufgabe als ISB

Ihre Aufgabe ist es, dafür zu sorgen, dass Sicherungskopien von relevanter Information, Software und Systemabbildern angefertigt und diese Datensicherungen auch geschützt werden.

ISO/IEC 27001 Anhang A.8.13 Sicherung von Information

Sie selbst müssen diese Tätigkeit nicht erledigen, aber überprüfen müssen Sie sie.

Für Organisationen, die keine großen ISMS-Tools im Einsatz haben und auch nichts automatisch sichern lassen, empfehle ich wenigstens eine Excelübersicht für die Überprüfung.

In Tabelle 2 (siehe Seite 95) sehen Sie meinen Vorschlag für eine Umsetzung in Excel. Die Tabelle zeigt die Kopfzeile einer Übersicht.

Die Spalte DOKUMENT enthält das zu sichernde Dokument oder Verzeichnis. Generell können Sie dort Richtlinien, Prozessbeschreibungen, Arbeitsanleitungen, Betriebshandbücher, Verfahrensanweisungen, Präsentationen, Schulungsunterlagen, Grafiken, Fotos, Verträge oder Laufwerksbuchstaben eintragen. Aber auch ISMS-Dokumente, wie Risikoanalysen, Auditprogramme und beispielsweise auch Vorlagen für die Managementbewertung. Zum Schluss können Sie dort auch ausgewählte Datenbanken oder Kundendaten eintragen. Ihre Organisation entscheidet, was gesichert werden soll.

In die Spalte VERSION tragen Sie die aktuell gültige Version ein. In die Spalte KLASSIFIZIERUNG wird die vergebene Klassifizierung eingetragen. Dokumente, die ich als sehr vertraulich eingestuft habe, speichere ich bisher nur in Ausnahmefällen in die Cloud. Eine Ausnahme wäre für mich zum Beispiel, wenn die Erstellung eines

Dokumentes sehr aufwändig war und ich davon ausgehe, dass im Notfall sehr viel Arbeit verloren ginge.

Dokumente, die sensible Informationen zu meiner Organisation enthalten, speichere ich nicht in der Cloud.

Die Person, die Abteilung oder die Rolle, die für die Datensicherungen verantwortlich ist, wird in die Spalte VERANTWORTLICH FÜR SICHERUNG eingetragen.

Die Spalte VORLETZTES UPDATE dient nur der Information. Ich kann an dieser Spalte erkennen, ob ein relativ regelmäßiges Update durchgeführt wurde. In diese Spalte kopiere ich bei einer neuen Datensicherung die Inhalte aus der Spalte LETZTES BACKUP.

In die Spalte INTERVALL TAGE trage ich eine Zahl, beispielsweise 150 ein. Diese Zahl steht für die maximale Anzahl der Tage bis zur nächsten Datensicherung. Freigegebene Richtlinien sichere ich nur einmal jährlich. Vorlagen jedoch werden monatlich gesichert, da dort eine permanente Verbesserung stattfindet.

In die Spalte LETZTES BACKUP trage ich jeweils das Datum der letzten Datensicherung ein. Würde ich heute eine Datensicherung durchführen, wäre das Datum, das ich eintrage, das heutige Datum.

Die Spalte ANZAHL TAGE BIS NÄCHSTES BACKUP wird automatisch über eine Excel-Formel berechnet.

Die Formel lautet:

```
=(HEUTE()-LETZTES BACKUP - INTERVALL TAGE * (-1)
```

Sobald ein Ergebnis negativ ist, färbe ich die Zelle automatisch hellrot. Beim Blick auf diese Datei kann ich somit direkt erkennen, welche Dokumente wieder mit der Datensicherung fällig sind.

Die Spalte VON enthält den Ablageort des Dokumentes.

In die Spalte CLOUD trage ich den jeweiligen Link zu meinem Cloud-Verzeichnis ein. Ich habe mich bei der Cloud für die Cloud der STRATO entschieden, da ich mir dort selbst einmal als Zertifizierungsauditor vor Ort die Räumlichkeiten ansehen und so Vertrauen aufbauen konnte.

In die Spalte NAS trage ich die Verzeichnisse der Datensicherung ein.

Tabelle 2: Kopfzeile Datensicherung

Dokument	Version	Klassifizierung	Verantwortlicher für Sicherung	Vorletztes Backup	Intervall Tage	Letztes Backup	Anzahl Tage bis nächstes Backup	von	Cloud	NAS

In Abbildung 2 sehen Sie eine beispielhafte Umsetzung im Excel-Format.

Dokumente	Version	Klassifizierung	Verantwortlich für Sicherung	Vorletztes Backup	Intervall Tage	Letztes Backup	Anz. Tage bis nächstes Backup	von	Speicherort Cloud
00_Aktenplan	2.0	intern	Jacqueline Naumann	03.08.2019	150	23.08.2019	80	x://	STRATO hidrive iXactly
1.2.1 Politik	2019	vertraulich	Jacqueline Naumann	03.08.2019	365	21.08.2019	293	x://	STRATO hidrive iXactly
3.1.1 Dokumentation	divers	vertraulich	Jacqueline Naumann	03.08.2019	30	12.10.2019	10	x://	STRATO hidrive iXactly
3.1.2 Vorlagen	divers	intern	Jacqueline Naumann	03.08.2019	30	12.10.2019	10	x://	STRATO hidrive iXactly
3.1.3 Richtlinien	divers	intern	Jacqueline Naumann	03.08.2019	150	12.10.2019	130	x://	STRATO hidrive iXactly
3.1.4 Prozesse	divers	intern	Jacqueline Naumann	03.08.2019	150	12.10.2019	130	x://	STRATO hidrive iXactly
3.1.5 Arbeitsanleitungen	divers	intern	Jacqueline Naumann	03.08.2019	150	12.10.2019	130	x://	STRATO hidrive iXactly
4.3.1 Logo	2.0	öffentlich	Jacqueline Naumann	07.03.2019	365	07.03.2019	126	x://	STRATO hidrive iXactly
5.3.1 Online-Webseite	4.0.0	öffentlich	Jacqueline Naumann	03.08.2019	45	12.10.2019	25	c://	STRATO hidrive iXactly
5.9 Wartungen	1.0	vertraulich	Jacqueline Naumann	02.05.2019	150	12.10.2019	130	x://	STRATO hidrive iXactly

Abbildung 2: Ausschnitt aus Excel-Übersicht Datensicherung

Ich empfehle Ihnen, in einer Datensicherungsrichtlinie mindestens die Datensicherungsintervalle und die verantwortlichen Rollen zu definieren. Außerdem könnten Sie angeben, ob es eine Arbeitsanleitung für die Datensicherung gibt.

Weiterhin sollten Sie festlegen, wo die Sicherungskopien gelagert werden und in welchen Intervallen ein Recovery[18] geübt werden soll.

---

[18] Recovery: Wiederherstellung einer Datensicherung für den Produktivbetrieb

21 Informationssicherheitsvorfälle

Informationssicherheitsvorfälle sind nicht zwangsläufig Störungen oder Ausfälle der IT-Infrastruktur. Bei Gefahr für Leib und Leben der Mitarbeiter, sind ebenfalls Störungen und Ausfälle zu erwarten.

ISO/IEC 27001 Anhang A.5.24 Planung und Vorbereitung des Managements von Informations-sicherheitsvorfällen

21.1 Praxisbeispiel: Wasserkocher

Bericht über einen Sicherheitsvorfall:

T34M-L34D: „Wir hatten letztes Jahr einen schlimmen Vorfall. Ein Kollege hatte unseren Wasserkocher mit Kalklöser befüllt und in der Küche stehen lassen.

Der nächste Kollege, der Wasser für seinen Tee brauchte, nahm davon, trank es, spuckte zwar sofort aus, aber die kurze Zeit im Mund reichte bereits aus.

Ihm fielen die Kronen und Implantate heraus und alle Zähne waren danach kaputt.

Das galt natürlich als Arbeitsunfall. Der Betrieb zahlte über viertausend Euro Zahnarztkosten und der Kollege fiel ziemlich lange Zeit aus."

21.2 Ihre Aufgabe als ISB

Bei Informationssicherheitsvorfällen wird sehr oft als erstes an IT-Störungen gedacht. Aber »Anhang B der ISO/IEC 2700 5« listet auch das Personal als wichtiges Asset auf.

Sie sehen in diesem Beispiel, auch Personen müssen geschützt werden. Ihre Aufgabe ist es, in Ihrer Risikoanalyse auch Personalausfall zu berücksichtigen.

Eine Ihrer Aufgaben ist deshalb, das Etablieren neuer Maßnahmen nach Vorfällen.

21.3 Praxisbeispiel: Beschränkter Stromausfall

Gespräch beim Audit:

Interviewer: „Gab es bei Ihnen in der letzten Zeit einen Sicherheitsvorfall?"

T34M-L34D: „Ja, wir hatten Stromausfall nach einem Gewitter. Aber nicht überall. Der Stromausfall beschränkte sich nur auf einige Steckdosen, an denen Geräte, Jalousien, Kühlschrank, Herd, Mikrowelle, Drucker und Server hingen.

Das Licht ging noch, Sicherungen und FI-Schalter waren auch nicht gekommen.

Unsere erste Vermutung war, ein Gerät könnte durch eine Blitzüberspannung kaputt gegangen sein."

Interviewer: „Und konnte das bestätigt werden?"

T34M-L34D: „Nein, unser Stromanbieter erklärte als Grund den Ausfall der dritten Phase im Stromkabel. Nur die Steckdosen, die mit einer dritten Phase arbeiten, waren nicht mehr arbeitsfähig."

21.4 Ihre Aufgabe als ISB

Die Organisation, aus der das *Praxisbeispiel: Wasserkocher* stammt in Absatz 21.1 stammt, hat als Gegenmaßnahme umgehend über alle Wasserkocher im Firmengelände laminierte Anweisungen mit folgendem Inhalt hängen lassen:

ISO/IEC 27005 Anhang B Assets
ISO/IEC 27001 Anhang A.5.26 Reaktion auf Informationssicherheitsvorfälle

»Vorhandenes Wasser im Wasserkocher immer
wegschütten!
Wasserkocher vor Gebrauch immer ausspülen!
Immer frisches Wasser verwenden!
Anweisung der Geschäftsführung«

Im *Praxisbeispiel: Beschränkter Stromausfall* im Absatz 21.3 könnten Sie als Vorsorge beispielsweise ein Notstromaggregat anschaffen, das dann im Stromausfall selbstständig anspringt oder durch Sie gestartet werden kann.

22 Meldungen

Das Melden von Störungen oder Ausfällen soll die verantwortlichen Personen informieren, damit diese zeitnah für eine reibungslose Fortsetzung des Betriebes sorgen können.

ISO/IEC 27001 Anhang A.6.8 Meldung von Informationssicherheitsereignissen

22.1 Praxisbeispiel: Meldequalität

Bericht eines ISBs im Audit:

> T34M-L34D: *„Ich bin gar nicht zufrieden mit meiner Position."*

> Interviewer: *„Was gibt es denn für Probleme?"*

> T34M-L34D: *„Seit ich hier der ISB bin, bekomme ich alle IT-Meldungen. Das war früher nicht so."*

> Interviewer: *„Meinen Sie, dass Sie jetzt wie bei einer Hotline alle technischen Störungen gemeldet bekommen?"*

> T34M-L34D: *„Ja, genau. Letzte Woche rief ein Kollege an und sagte als erstes:*

‚Das Mistding geht nicht!'

Mit so einer Aussage kann man doch nichts anfangen. Ich musste dann mehrfach rückfragen, über was er sich eigentlich beschweren will, und es stellte sich dann heraus, dass er seinen Computer meinte.

Ich fragte dann, ob der Rechner Strom hätte und der Kollege sagte, dass der PC blinken würde.

Dann fragte ich ihn, ob auch die Lampe des Monitors leuchten würde und der Kollege sagte nur: ‚nein'.

Ich bat den Kollegen dann, den Monitor anzuschalten, aber der Kollege meinte, der Monitor sei immer an.

Also bat ich den Kollegen, den Monitor einmal auszuschalten.

Kaum hatte der Kollege den Monitor vermeintlich ausgeschaltet, rief er begeistert:

‚Hach, jetzt geht er wieder. Danke!'

Mit solchen Anrufen muss ich mich nun als ISB ständig herumschlagen. Ich habe darauf aber keine Lust mehr. Ich will kein ISB mehr sein."

22.2 Ihre Aufgabe als ISB

Definieren Sie einen Meldeprozess für Informationssicherheits-ereignisse.

Ihre Kollegen oder externen Dienstleister müssen wissen, alles, das irgendwie mit Verfügbarkeit, Vertraulichkeit oder Integrität zu tun hat und einen ungewöhnlichen Eindruck macht, soll gemeldet werden.

ISO/IEC 27001 Anhang A.6.8 Meldung von Informationssicher-heitsereignissen

Der Meldeprozess muss angeben, über welches Medium die Meldungen abgegeben werden sollen. Sie entscheiden, ob Sie angerufen oder besucht werden oder ob Sie eine E-Mail oder ein Ticket erhalten wollen.

Sie definieren auch die Inhalte einer Meldung. Orientieren Sie sich daran, was für Sie von Bedeutung sein wird. Beispielsweise könnten Sie fordern, dass folgende Informationen bereits in der Meldung enthalten sein sollen:

- Name des Meldenden, Datum, Uhrzeit und kurze Beschreibung des Ereignisses und vermuteter Grund.

Wenn die Meldung dann bei Ihnen angelangt ist, müssen Sie entscheiden, ob es sich möglicherweise sogar um einen Informationssicherheitsvorfall handelt.

ISO/IEC 27001 Anhang A.5.25 Bewertung von Informations-sicherheitsereignissen

Von Informationssicherheitsereignissen spricht man generell, wenn etwas ungewöhnlich ist und mit Verfügbarkeit, Vertraulichkeit oder Integrität zu tun hat.

Bei einem Informationssicherheitsvorfall handelt es sich um ein Ereignis, bei dem unsere Organisation bereits Schaden genommen hat oder erleiden könnte und wir reparieren oder neu anschaffen müssen.

Wenn Sie entschieden haben, dass es sich um einen Vorfall handelt, müssen Sie die Meldung an einen Verantwortlichen zur weiteren Behandlung weiterleiten oder sich mit diesem Verantwortlichen zum weiteren Vorgehen abstimmen. Eventuell müssen Sie auch die Geschäftsführung informieren.

Ein ISB ist jedoch keine Hotline für IT-Störungen. Normale IT-Störungen werden in der IT-Abteilung oder bei einem Support-Team behandelt und müssen deshalb an diese Gruppe gemeldet werden.

Viele Organisationen lassen alle IT-Themen an die IT-Abteilung melden und wenn diese entscheidet, dass es sich um mehr als eine normale IT-Störung handelt und einen Bezug zur Informationssicherheit hat, wird die Meldung zusätzlich an einen ISB oder Datenschutzbeauftragten weitergeleitet.

23 Ticketsystem

Die meisten Organisationen nutzen Ticketsysteme, um Aufgaben zu handhaben. Dabei handelt es sich oft um Kunden-Fehlermeldungen, interne Meldungen aus dem Entwicklerumfeld oder auch den Rechte-Vergabeprozess.

ISO/IEC 27001 Anhang A.6.8 Meldung von Informationssicherheitsereignissen

Ist einmal ein Ticketsystem etabliert, kann es für die Dokumentation einer Vielzahl von Prozessen eingesetzt werden. Sehr gut ist im Nachhinein die Rückverfolgbarkeit durch automatisierte Datumsvergaben beim Erstellen, Kommentieren oder Schließen der Tickets.

23.1 Praxisbeispiel: Quellcode im Ticketsystem

Bericht im Audit über umgesetzte Verbesserungspotentiale:

> *T34M-L34D: „In unserem Ticketsystem hatten wir bisher immer einen Link zu unseren Quellcode-Dateien, um dem Empfänger die Möglichkeit zu geben, direkt zum Quellcode zu springen und nach Fehlern zu suchen.*
>
> *Aber jetzt wurde uns vom Auditor mitgeteilt, dass dadurch auch unberechtigte und externe*

Personen Änderungen in unserem Quellcode vornehmen könnten und er gab uns deshalb eine Nichtkonformität.

Jetzt fügen wir keine Links mehr ein und wissen nicht so richtig, wie man dem Empfänger zeigen soll, in welchem Programm vermutlich ein Bug ist."

23.2 Ihre Aufgabe als ISB

ISO/IEC 27001 Anhang A.6. 8 Meldung von Informationssicherheitsereignissen

Sie sollten in Ihrem Ticketsystem die Leserechte für Unberechtigte einschränken lassen. Außerdem darf der Quellcode auch nicht so eingebunden werden, dass er direkt änderbar ist.

Denkbar wäre die Angabe des eindeutigen Quellcode-Namens im Ticket, sodass berechtigte Mitarbeiter die Meldung zuordnen können.

24 Maßnahmenplanung

Sie als ISB nutzen Ihren Maßnahmenplan, um ständig einen Überblick über Ihre bereits erreichten sowie die noch offenen Informa-
tionssicherheitsziele und Maßnahmen zu deren Erreichung zu erhalten.

ISO/IEC 27001 Kap. 6.2
Informationssicher-
heitsziele und Planung
zu deren Erreichung

24.1 Praxisbeispiel: Maßnahmennummern IA_lfdNr

Begutachtung einer Maßnahmenplanung im Audit. Im gezeigten
Maßnahmenplan sind etwa zwölf Maßnahmen eingeplant, die alle
einen Verantwortlichen und ein Zieldatum haben. Die Maßnahmen
wurden fortlaufend durchnummeriert und folgen der Nomen-
klatur: `IA_<laufende_Nummer>`.

> *Interviewer: „Bitte zeigen Sie mir den
> Auditbericht, aus dem die Maßnahme IA_0102
> entstanden ist."*

> *T34M-L34D: „Diese Maßnahme kommt nicht aus
> dem Audit. Wie kommen Sie eigentlich darauf?"*

> *Interviewer: „Ich dachte, dass es sich um
> Maßnahmen aus Internen Audits handelt, weil
> Ihre Nummerierung mit ‚IA_' beginnt. Ich dachte,
> das steht für INTERNES AUDIT."*

*T34M-L34D: „Nur weil eine Nummer mit ‚IA'
beginnt, muss es sich doch nicht um die
Abkürzung für Internes Audit handeln. Bei der
allerersten Maßnahme haben Sie vielleicht sogar
recht. Da wurde uns empfohlen, das Audit-
Finding im Maßnahmenplan einzuplanen und um
die Maßnahme wiederzuerkennen wurde uns
damals gesagt, wir sollen die Nummerierung mit
‚IA_' starten und die Auditnummer verwenden.*

*Aber danach haben wir die Nummerierung so
beibehalten für alle Maßnahmen, die danach
kamen. Die Maßnahme IA_0102 entspricht bei
uns einfach der laufenden Nummer 102."*

*Interviewer: „Die Maßnahmen sind also nicht nur
aus Audits hervorgegangen?"*

*T34M-L34D: „Nein, natürlich nicht. Eine ist eine
Verbesserung und zwei folgten auf
Informationssicherheitsvorfälle."*

24.2 Ihre Aufgabe als ISB

ISO/IEC 27001 Kap.
10.2 Fortlaufende
Verbesserung

Sie sollten versuchen, die Nummern von Risiken oder Maßnahmen
eindeutig zu vergeben. Die Abkürzung IA beispielsweise suggeriert
unbeabsichtigt die Herkunft »Internes Audit«.

25 Privatsphäre

Im dienstlichen Umfeld kommen wir oft auch an private Informationen unserer Kollegen, Kunden oder Dienstleister.

Es ist ein großer Vertrauensbeweis, wenn uns Andere private Details anvertrauen.

ISO/IEC 27001 Anhang A.5.34 Datenschutz und Schutz personenbezogener Information

25.1 Praxisbeispiel: Personendaten am Telefon

Beim Rundgang durch ein Foyer während des Audits fällt ein lautes Telefonat am Empfang auf.

> *T34M-ASSISTENTIN: „Nein, der Herr T34M-ADMIN ist heute nicht im Haus. Der ist heute zur Darmspiegelung. Wer sind Sie nochmal? Vielleicht kann ich Sie zu seinem Kollegen vermitteln.“*

25.2 Ihre Aufgabe als ISB

ISO/IEC 27001 Anhang
A.5.34 Datenschutz
und Schutz
personenbezogener
Information

Jeder in Ihrer Organisation sollte durch Sie oder möglicherweise den Datenschutzbeauftragten dahingehend sensibilisiert werden, niemals persönliche Dinge von Kollegen am Telefon weiterzugeben.

Auch die Weitergabe von Urlaubsinformationen sollte vermieden werden. Im Fall von Social Engineering könnte diese Information für Einbrecherbanden von Interesse sein.

26 Social Engineering

Der Begriff »Social Engineering« gilt auch als *angewandte Sozial-wissenschaft oder soziale Manipulation*.

Die einfachste Art ist der fingierte Telefonanruf, bei dem sich der Social Engineer als eine andere Person ausgibt, um an sensible Informationen zu gelangen.

Eine weitere bekannte Art ist das Phishing. Bei dieser Art werden fingierte E-Mails mit vertrauenserweckenden Inhalten verschickt, um beispielsweise den Empfänger zur Eingabe seiner Passwörter, Kontodaten oder dem Folgen eines Links zu motivieren.

26.1 Praxisbeispiel: Ehepartner am Firmentor

Bericht bei einer Security-Veranstaltung:

> T34M-L34D: *„Vor einigen Wochen gab sich ein*
> *Herr am Empfang als Ehemann unserer*
> *Sekretärin aus und wurde ins Gebäude gelassen.*
> *Er lief überall herum und machte Fotos.*

Einige Tage später wurden wir alle zu einer
außerplanmäßigen Mitarbeiterinformations-
veranstaltung eingeladen.

Auf dieser Veranstaltung wurden uns dann Fotos
unserer Arbeitsplätze gezeigt und mitgeteilt, dass
unser eigener Chef ein externes Unternehmen
beauftragt hatte, einen Social Engineering-Test
bei uns durchzuführen, um zu sehen, wie weit
Firmenfremde in unseren Räumen gelangen
können.

Es zeigte sich, dass Unbefugte bei uns überall
hinkommen, wenn sie wollen und höflich fragen."

26.2 Ihre Aufgabe als ISB

Dieses Beispiel zeigt, wie andere Organisationen das Bewusstsein des eigenen Personals auf die Probe stellen. Auch Sie könnten ein vertrauenswürdiges Unternehmen beauftragen, bei Ihnen so einen Test durchzuführen.

Der Vertrag für solche Dienstleistungen muss mit der Geschäftsführung vereinbart werden. Sie allein haben dafür keine Berechtigung.

26.3 Praxisbeispiel: CEO Fraud

Bericht über einen Betrugsfall in der Organisation:

T34M-L34D: „Also im Vorfeld wurde schon einiges an Social Engineering betrieben, um die Verhältnisse vom Chef zu erfahren.

Als dann genug Wissen vorhanden war, wurde die Buchhaltung angerufen und mitgeteilt, dass man der stille Teilhaber im Unternehmen sei und dass man gerade einen richtig guten Deal klar gemacht hätte, mit dem man den Geschäftsführer überraschen wöllte.

Die Buchhaltung wurde deshalb gebeten, mal 2,5 Mille zu überweisen. Aber man solle dem Geschäftsführer bitte noch nichts sagen, damit die Überraschung bleibt. In einigen Tagen würde dann der große Deal bekannt gemacht werden."

Interviewer: „Das klingt nicht gut."

T34M-L34D: „Ja, war es auch nicht. Das Geld wurde überwiesen. Und am nächsten Tag erst darüber gesprochen. Die Buchhaltung hatte Zweifel bekommen."

Interviewer: „Und das Geld?"

T34M-L34D: „Wir haben die Kripo eingeschaltet und die konnte das Geld zurückholen. Das

funktioniert wohl mittlerweile nahezu weltweit
bis zu drei Tagen."

26.4 Ihre Aufgabe als ISB

ISO/IEC 27001 Kap. 7.4
Kommunikation
In vielen Organisationen ist es mittlerweile so geregelt, dass Mitarbeiter aus der Buchhaltung zu fünfzig Prozent den finanziellen Schaden tragen müssen, wenn sie leichtsinnig Geld überweisen. Leichtsinnig in dem Sinne, dass Sie keine Genehmigung vom Vorgesetzten einholen, bevor sie Geld überweisen.

Achten Sie darauf, dass es bei Ihnen Genehmigungsprozesse gibt, die alle Mitarbeiter kennen.

Bei Ihren Awareness-Schulungen sollten Sie folgende Anweisungen geben:

- Misstrauen gegenüber allen unbekannten E-Mail-Absendern,
- keine Preisgabe von persönlichen oder vertraulichen Informationen am Telefon,
- keine ungenehmigten Geldüberweisungen und
- kein Folgen von Links aus unbekannten E-Mails.

27 Auditnachweise

Wenn Sie Ihr ISMS in den letzten Monaten oder Jahren aufgebaut haben, wurden sicher auch Interne Audits bei Ihnen durchgeführt.

Es wird für Sie selbstverständlich sein, dass Sie die Ergebnisse aufbewahren. Manchmal erlebe ich, dass Audits schon vor vielen Monaten beendet worden sind, ohne dass nun endlich einmal der Audit-bericht eingetroffen ist. Den Ärger bekommt am Ende der ISB. Sie müssen notfalls ausbleibende Auditberichte eintreiben.

ISO/IEC 27001 Kap. 9.2
Internes Audit

Haben Sie den Auditbericht dann endlich, müssen Sie ihn auch prüfen und gegebenenfalls beanstanden.

27.1 Praxisbeispiel: Fehlende Auditnachweise

Bericht eines Seminarteilnehmers über seine letzte Stelle als ISB.

> *T34M-L34D: „Letztes Jahr kamen zwei Prüfer zu*
> *mir, die den ganzen Tag auditierten. Der Herr*
> *fragte, die Damen hatte mit ihrer Hochsteckfrisur*
> *zu tun, die sie ständig neu richten musste.*

Da der Prüfer fragte, sollte die Prüferin das Protokoll erstellen. Vor ihr lag ein weißes Blatt und der Kugelschreiber.

Bei jeder Frage ging mein Blick auch zur Prüferin, weil ich sehen wollte, was sie sich aufschrieb. Aber sie schrieb einfach nichts auf. Sie ordnete permanent ihre Frisur. Das wirkte beunruhigend. Die Atmosphäre war auch ganz angespannt.

Am Ende so eines Tages stimmen sich ja die Auditoren immer allein ab.

Als ich wieder dazukommen durfte, sagte mir der Herr, dass sei eine ganz knappe Kiste und ob es reicht, könnten sie noch nicht sagen.

Dann kam die Rechnung, aber kein Zertifikat.

Auf meine Nachfrage bei den Auditoren, erfuhr ich, dass es immer so laufen würde. Erstmal die Rechnung.

Als dann aber ewig kein Zertifikat kam, erkundigte ich mich bei der Zertifizierungsstelle und erfuhr, dass die Auditoren keine ausreichenden Nachweise gefunden hätten und in vier Monaten auf unsere Kosten zur Nachprüfung kommen würden.

Meine Beschwerde über das Audit brachte nichts.
Die Schuld am fehlenden Zertifikat wurde mir
zugeschoben. Ich kündigte."

27.2 Ihre Aufgabe als ISB

Ein sehr ungewöhnlicher Fall.

Normalerweise halten sich Auditoren an die *Auditprinzipien* aus *Kapitel 4* der *ISO 19011*. In diesem Kapitel wird gefordert, dass der Auditor Informationen sammelt, auf deren Basis sich die Organisationen verbessern können sollen.

ISO 19011 Kap. 4 Auditprinzipien

Ich habe einige Zweifel, ob diese Auditoren ihre Berufsethik kennen und einhielten.

Ihre Aufgabe ist es nicht, alle Auditergebnisse klaglos hinzunehmen. Sie müssen in so einem Fall darauf drängen, dass Ihre Einkaufsabteilung eine neue Dienstleisterbewertung durchführt und dass gegebenenfalls zukünftig ein anderes Auditteam beauftragt wird.

Außerdem wäre es in so einer Situation angebracht, einen zweiten Kollegen mit ins Audit zu holen, damit Sie einen Zeugen haben.

Externe Partner, die uns bei unseren Dienstleistungen
unterstützen

28 Lieferantendienstleistungen

ISO/IEC 27001 Anhang
A.5.21 Lieferkette für
Informations- und
Kommunikations-
technologie

In der Regel arbeiten ISBs unabhängig. Einige ISBs sind aber auf externe Dienstleister angewiesen. Teilweise liegt das an intern fehlenden zeitlichen Ressourcen oder aber auch, weil die oberste Leitung noch eine unabhängige Meinung anfordert.

Oft erfüllen die Ergebnisse von externen Dienstleistern unsere Wünsche. Manchmal muss ein ISB besonders genau hinsehen.

28.1 Praxisbeispiel: Externe Prüfer

Bericht eines Seminarteilnehmers über eine externe Prüfung:

> *T34M-L34D: „Ich arbeite in der Revision einer mittelgroßen Organisation und wir prüfen das ganze Jahr über unterschiedliche Themen.*
>
> *Am Jahresende kommen dann immer die externen Prüfer, wollen unsere Ergebnisse ansehen, picken sich einige einfache Punkte raus, wie beispielsweise fehlerhafte Tabellenbezeichnungen in Dokumenten, schreiben dazu einen Bericht für den Vorstand und stellen die Rechnung.*

Die wirklich kritischen Punkte aus den
Revisionsberichten lassen sie unangetastet. "

28.2 Ihre Aufgabe als ISB

In so einem Fall müssen Sie die externen Prüfer fragen, weshalb sie die kritischen Punkte übergehen.

ISO/IEC 27001 Anhang A.5.22 Überwachung, Überprüfung und Änderung von Lieferantendiensten

Möglicherweise fehlt ihnen das fachliche Verständnis, um die Kritikalität bewerten zu können oder vielleicht haben sie mit dem Vorstand oder der Revisionsleitung eine mündliche Übereinkunft zur maximalen Kritikalität der Findings geschlossen.

Als angestellter ISB werden Sie nach einiger Zeit feststellen, welche kritischen Punkte durch die Externen nicht aufgenommen werden.

In der Regel steuert der Beauftragende die Ergebnisse. Wenn ein ISB externe Prüfer auswählt, bespricht er sich für gewöhnlich mit den Auditoren und gibt Hinweise, damit das gewünschte Ergebnis eingegrenzt werden kann.

In der Revision werden externe Prüfer meist nicht von den Auditoren ausgewählt. Es wird sich also jemand anderes mit den Externen abstimmen und das Auditziel eingrenzen oder auch vorgeben.

Ich habe schon erlebt, dass einer externen Prüforganisation eine interne DSB-Aufgaben-Richtlinie vorgelegt wurde und das Auditziel war, Ergebnisse zu liefern, die nachweisen, dass der interne DSB nicht alles tut, was diese Richtlinie von ihm fordert. Nachdem der

Vorstand den Bericht der Externen gelesen hatte, wurde dieser DSB freigestellt und ein neuer DSB bestimmt.

29 Ethische Grundsätze

Das BSI hat eine Orientierungshilfe zu Nachweisen erstellt, um die KRITIS-Organisationen bei den geforderten Nachweisprüfungen zu unterstützen.

Orientierungshilfe zu Nachweisen gem. § 8a (3) BSIG

Diese Orientierungshilfe gibt im *Anhang 6.1 Ethische Grundsätze* eine Reihe von Prinzipien, die ein Auditor oder ein Auditteam besitzen sollte.

Auditprinzipien können Sie aber auch in der ISO 19011 im Kapitel 4 nachlesen.

ISO 19011 Kap. 4 Auditprinzipien

Folgende Prinzipien werden genannt und erläutert:

- Rechtschaffenheit und Vertraulichkeit,
- Fachkompetenz,
- Objektivität und Sorgfalt,
- Sachliche Darstellung,
- Nachweise und Nachvollziehbarkeit sowie
- Unabhängigkeit und Neutralität.

Diese Ethischen Grundsätze sollte jeder Prüfer befolgen.

29.1 Praxisbeispiel: Verlockende Angebote

Ein ISB berichtet von seiner ehemaligen Tätigkeit als Compliance-Beauftragter.

T34M-L34D: „Meine letzte Anstellung war in einer Behörde. Dort war ich als Compliance-Beauftragter beschäftigt. Mir war das Thema Korruption sehr wichtig und wenn es Gerüchte über korrupte Kollegen gab, war ich immer sehr erbost darüber. Ich konnte mir einfach nicht vorstellen, wie man unehrlich sein kann.

Dann wurde ich eines Tages mal in unser RPA[19] eingeladen. Die Herrschaften erzählten mir, dass Ihnen zu Ohren gekommen sei, dass ich mich sehr für das Thema Korruption engagiere und sie würden da gerne mit mir zusammenarbeiten.

Ich war geschmeichelt.

Dann erzählten Sie mir von einem regionalen IT-Dienstleister, der im Verdacht stehen sollte, dass er unsere Projektprüfungs-Beamten schmiert.

Mir war sofort klar, welches IT-Unternehmen gemeint war. Die Gerüchte gingen schon einige Monate durch die Gänge. Ich bestätigte also, dass die Gerüchte auch in anderen Abteilungen bekannt sind.

Sie schlugen mir dann vor, mich bei diesem Unternehmen als neuen IT-Projektprüfer anzumelden und denen mitzuteilen, wenn ich mit

---

[19] Rechnungsprüfungsamt, Abkürzung: RPA

ihrer Arbeit zufrieden sei, könnten sie im neuen Jahr wieder mit IT-Projekt-Aufträgen rechnen.

Zu mir sagten sie, ich würde dann eine Einladung des Unternehmens erhalten und solle da auch ganz entspannt hingehen. Man würde mir dann wahrscheinlich einen Umschlag mit zehntausend Euro geben und den solle ich auch ruhig einstecken.

Ich spürte plötzlich eine diebische Freude in mir aufkommen. Zehntausend Euro einfach so im Briefumschlag. Ich stellte mir einige Dinge vor, die ich meinen beiden Kindern kaufen würde. Wow, einfach mal so zehntausend Euro.

Die Herrschaften vom RPA sprachen jedoch weiter und unterbrachen meine Träumereien mit den Worten, dass ich den Umschlag dann direkt ins RPA bringen müsse, damit sie einen Beweis für die vermutete Korruption hätten.

Das fand ich dann doch schade und ertappte mich selbst dabei, dass ich nichts gegen Bestechung gehabt hätte.

Anscheinend sah ich verwundert aus, jedenfalls wurde mir sofort erklärt, dass wir dazu natürlich einen Vertrag machen, in dem stehen würde, dass ich berechtigt bin, das Geld im Auftrag des

RPAs anzunehmen. Ich müsse mir da gar keine Gedanken machen, dass ich dann als korrupt gelten würde.

Aber für mich war gerade eine Grenze überschritten, ich erklärte, dass ich bei dieser Aufgabe nicht mitmachen möchte, da ich nicht weiß, ob ich das Geld nicht doch für meine Kinder ausgeben würde."

29.2 Ihre Aufgabe als ISB

ISO/IEC 27001 Anhang A.5.31 Gesetzliche, regulatorische, behördliche, vertragliche Anforderungen

Gehen Sie davon aus, dass auch die ehrlichsten und vertrauenswürdigsten Menschen möglicherweise einen Preis haben. Wenn Sie Ihre Daten, Konstruktionszeichnungen, Prototypen, Netzstrukturpläne, Kundenangebote oder andere sehr vertrauliche Daten schützen wollen, müssen Sie auch das Risiko durch Korruption überdenken.

ISO/IEC 27001 Anhang A.5.18 Zugangsrechte

Es ist möglich, dass sensible Daten scheinbar versehentlich zur Konkurrenz wandern können. Prüfen Sie, wer auf welche Daten Zugriff hat und wie Informationen transportiert werden. Und stellen Sie die Frage, wenn Daten zur Konkurrenz verkauft würden, wie könnte man das anstellen, um nicht entdeckt zu werden. Versuchen Sie kreative Wege des Verkaufs zu finden, um dann genau gegen diese Möglichkeiten Gegenmaßnahmen zu etablieren.

30 Zertifikate

Der Begriff Zertifikat ist kein geschützter Begriff. Er stellt einfach nur eine Bescheinigung eines Sachverhaltes dar. Der Sachverhalt kann die Teilnahme an einer Personenprüfung gewesen sein oder das Ergebnis eines Audits.

Der Unterschied bei den ISO/IEC 27001-Zertifikaten liegt darin, dass einige Zertifikate von Organisationen ausgegeben werden, die ihrerseits wiederrum durch externe Prüfer, beispielsweise die DAkkS[20], überprüft worden sind.

Ob ein Kunde ein ISO/IEC 27001-Zertifikat von einer DAkkS-akkreditierten Organisation akzeptiert oder eine ISO/IEC 27001-Zertifikat einer x-beliebigen Organisation, liegt im Ermessen des jeweiligen Kunden. Der Kunde muss Vertrauen in das ISMS seines Dienstleisters setzen.

---

[20] DAkkS, Deutsche Akkreditierungsstelle GmbH, nationale Akkreditierungsstelle der Bundesrepublik Deutschland mit Sitz in Bonn. Prüft die Prozesse von Zertifizierungsstellen nach ISO 17021. Bei erfolgreicher Prüfung erhält eine Organisation ein Akkreditiv und kann Zertifizierungen durchführen.
Wurde eine Zertifizierungsstelle erfolgreich nach ISO/IEC 27006 geprüft, erhält sie das Akkreditiv, Zertifizierungen gemäß ISO/IEC 27001 durchzuführen.

30.1 Praxisbeispiel: Gekaufte Zertifikate

Beobachtung beim Audit:

> Interviewer: „Ich habe mir vorhin mal Ihre Zertifikate am Empfang angesehen. Das ISO/IEC 27001-Zertifikat zeigt, dass Ihre Zertifizierung im Jahr 2017 nach der ISO/IEC 27001:2008 durchgeführt wurde."

> T34M-L34D: „Ja, das stimmt."

> Interviewer: „Sie wissen aber bestimmt, dass die aktuell gültige Norm aus dem Jahr 2013 stammt."

> T34M-L34D: „Das ist bisher noch keinem aufgefallen."

> Interviewer: „Das Zertifikat ist angeblich von 2017 bis 2020 gültig, aber die eingesetzte Norm nicht mehr. Da haben Sie eigentlich umsonst Geld ausgegeben. Falls das Ihre Kunden bemerken, könnten die ein neues Zertifikat von Ihnen verlangen. Und bei den anderen beiden Zertifikaten steht erst gar keine Norm-Ausgabe dabei. Was war das denn für ein Zertifizierer?"

> T34M-L34D: „Ja, die sind halt gekauft. Das war keine Zertifizierungsgesellschaft. Die haben wir

einfach im Internet gekauft. Die Kunden
interessiert das aber nicht."

30.2 Ihre Aufgabe als ISB

Sie sollten darauf achten, Ihre aktuellen Zertifikate müssen immer die gerade gültige Normausgabe darstellen.

Kunden, die ein Zertifikat fordern, kennen in der Regel die gültige Norm. Zertifikate mit zurückgezogenen Normen wirken einfach unprofessionell.

ISO/IEC 27001 Anhang A.5.31 Gesetzliche, regulatorische, behördliche, vertragliche Anforderungen

31 Schlusswort

Auch wenn Sie möglicherweise ganz andere und für Sie noch herausfordernde Dinge erlebt haben, als der ISB in unserem Buch, haben Sie hoffentlich Ihre Begeisterung für Ihr ISMS beim Lesen ein wenig steigern können.

Wenn mir das gelungen ist, freue ich mich sehr.

Manchmal ist es ja schon motivierend, zu hören oder zu lesen, dass in anderen Organisationen auch gelegentlich verrückt scheinende Dinge passieren.

Und ich kann Ihnen versichern, die meisten ISBs wechseln nicht ihre Organisation, sondern bleiben erstaunlich hartnäckig am eigenen ISMS dran und geben es unter keinen Umständen auf.

Es macht auf mich manchmal sogar den Eindruck, dass einige ISBs mit ihrem ISMS zu einer Einheit zusammenwachsen und die Kollegen sich das Zweiergespann nur noch als Team vorstellen können.

Für Ihre Mitmenschen ist Ihr Name, Ihr Gesicht, Ihre Rolle und Ihr ISMS nach den ersten Anlaufschwierigkeiten gleichgesetzt mit der ISO/IEC 27001 und Informationssicherheit.

Wenn Sie sich dieses Buch organisiert und dann auch noch bis hierher gelesen haben, gehe ich davon aus, dass Sie ein sehr engagierter Mensch sind, der sich gut um sein ISMS kümmert.

Ich wünsche Ihnen deshalb von Herzen, dass Sie sich (nach dieser kleinen Lesepause) nun mit einigen neuen Ideen genauso gut wie bisher mit Ihrem ISMS beschäftigen können.

Quellen

DIN ISO/IEC 27001:2022, Beuth Verlag, 2022

ISO/IEC 27005:2011, Beuth Verlag, 2011

ISO 19011:2018, Beuth Verlag, 2018

BSI IT-Grundschutz-Kompendium, www.bsi.bund.de, 2022

Die Autorin

 Jacqueline Naumann ist studierte Informatikerin und trainiert Erwachsene seit vielen Jahren zur Informations-sicherheit. Im Jahr 2015 gründete sie das IT-Beratungsunternehmen iXactly in Dresden. Seit 2017 ist sie berufener Zertifizierungsauditor für ISO/IEC 27001 und wurde im Oktober 2020 vom BSI zum IT-Grundschutz-Berater zertifiziert.

Regelmäßig laden Organisationen Frau Naumann ein, um interne Sicherheitsprozesse zu überprüfen, zu verbessern oder zu zertifizieren.

Naumann hat bereits einige IT-Security-Bücher für Erwachsene und Kinder geschrieben.

Index

K

L

ISO/IEC 27001
ISO/IEC 27002
und IT-Grundschutz

Schnelleinstieg
Informationssicherheit
2022

DAS KLEINE
DIGITALHIRNCHEN

Humorvolle Kindergedichte
zum Aufbau von
Medienkompetenz

für Kinder & Teenager